Otto Gilbert

Die Rede des Demosthenes

Peri Parapresbiais

Otto Gilbert

Die Rede des Demosthenes
Peri Parapresbiais

ISBN/EAN: 9783744605717

Hergestellt in Europa, USA, Kanada, Australien, Japan

Cover: Foto ©ninafisch / pixelio.de

Weitere Bücher finden Sie auf **www.hansebooks.com**

Die Rede des Demosthenes

ΠΕΡΙ ΠΑΡΑΠΡΕΣΒΕΙΑΣ

von

Dr. phil. Otto Gilbert,
Sekretair der Königlichen Universitäts Bibliothek zu Göttingen.

BERLIN,
Weidmannsche Buchhandlung.
1873.

INHALT.

Stand der Frage, Ziel der Untersuchung. S. 1. 2.
§. 1— 3 προοίμιον. S. 2—4.
§. 4— 8 προκατασκευή. S. 4—8.
§. 9— 16 προκατάστασις. S. 9. 10.
§. 17— 71 erste κατασκευή. S. 10—16.
§. 72— 97 erste ἀνασκευή. S. 17—22.
§. 98—133 zweite κατασκευή. S. 22—26.
§. 134—149 zweite ἀνασκευή. S. 26—29.
§. 150—181 dritte κατασκευή. S. 29—41.
§. 182—191 dritte ἀνασκευή. S. 41. 42.
§. 187. 201—36 Interpolation. S. 43—101.
§. 192—200. 237 sqq. ἐπίλογος
  a) §. 192—200. 237—67. S. 44. 45. 102. 103.
  b) §. 288—301. S. 103. 104.
  c) §. 302—14. S. 104. 105.
§. 329—40 Interpolation. S. 106—125.
  d) §. 315—29. 341—43. S. 105. 106. 125—131.
Resultat. S 131.

Druckfehler: Seite 38 Zeile 17 von oben statt: von, lies: vor.

Die Rede des Demosthenes περὶ παραπρεσβείας ist vielfach Gegenstand der Untersuchung gewesen. Der allen rhetorischen Gesetzen widersprechende Zustand, in welchem die Rede überliefert vorliegt, hat einerseits verschiedene Versuche veranlasst, das Ganze zu vertheidigen, zu rechtfertigen, oder durch Umstellung von Theilen zu helfen, oder durch Ausscheidung vermeintlicher Interpolationen den Kern der ursprünglichen Rede herauszufinden; anderseits den Glauben erweckt, die Rede sei überhaupt nicht gehalten, sie sei nur als Parteischrift herausgegeben und daher die rhetorischen Anforderungen an sie nicht anwendbar, eine Ansicht, die schon im Alterthum selbst vielfach verbreitet war, vgl. F. Franke prolegg. in Dem. orat. de f. l. Misenae 1846 (Schulprogr.) pag. 1 ff. Wenn ich hier eine neue Lösung der Frage versuche, und zwar in der Weise, dass ich durch Ausscheidung von zwei bedeutenden Interpolationen die ursprüngliche Gestalt der Rede wiederherzustellen suche, so stütze ich mich dabei für die Ausscheidung der einen Interpolation vor Allem auf eine handschriftliche Notiz des Codex Σ, welche mir von sehr hoher Wichtigkeit für diese Frage zu sein scheint, die aber bislang, allerdings beachtet, durchaus noch keine Verwerthung gefunden hat. Durch Ausscheidung eines Stücks von 36 Paragraphen, wozu wie bemerkt der Codex Σ eine ganz bestimmte Berechtigung gewährt, glaube ich die ursprüngliche Gestalt der Rede — bis auf den Schluss — wieder herstellen zu können, die nun so, allen rhetorischen Anforderungen genügend, ein Meisterstück oratorischer Kraft wird, welches sich der Rede de cor. und andern würdig an die Seite stellt. Die Ausscheidung einer zweiten Interpolation im Umfang von 12 Paragraphen am Schlusse der Rede findet allerdings in dem handschriftlichen Material keine so wichtige Stütze: ich glaube aber auch hier aus rhetorischen, logischen, sprachlichen und sachlichen Gründen berechtigt zu sein, die Auswerfung vorzunehmen. So wird, hoffe ich, auch der Schluss in seiner ursprünglichen Gestalt erscheinen und die Rede vom ersten bis zum lezten Worte als von Demosthenischem Geiste beseelt uns entgegen treten.

Ich werde nun so verfahren, dass ich die vorliegende Gestalt der Rede an der Hand allgemein logischer und rhetorischer Gesetze prüfe, bis uns das schon handschriftlich verdächtige Stück aufstösst, welches in rhetorischer und logischer, in sprachlicher und sachlicher Hinsicht eingehend untersucht werden muss, um sodann in der Darlegung der rhetorischen Composition des übrigen Theils der Rede fortzufahren, die endlich durch genaue Prüfung des zweiten verdächtigen Stücks abgeschlossen werden wird.

Ich gehe sofort zur Prüfung der Rede selbst über. 1 — 3 bilden das Prooemium. Der Redner knüpft an die unmittelbare Gegenwart an und erinnert die Richter im Hinblick auf die $\sigma\pi ov\delta\dot{\eta}$ $\pi\epsilon\varrho\grave{\iota}$ $\tauουτον\grave{\iota}$ $\tau\grave{ο}\nu$ $\dot{α}\gamma\tilde{ω}\nu α$ $\varkappa α\grave{\iota}$ $\pi α\varrho α\gamma\gamma\epsilon\lambda\acute{\iota}α$ an das $\delta\acute{\iota}\varkappa α\iota ο\nu$ und den $ὅρ\varkappa ο\varsigma$, wodurch sie verpflichtet werden, nicht das persönliche Interesse des Angeklagten und der Parakleten, sondern das allgemeine Wohl des Staats zu bedenken. Wird in 1 die Person des Richters zum Mittelpunkte gemacht, so geht Dem. in 2 zur Person des Angeklagten über: während man bei allen denen, welche dem Staate Dienste geleistet haben, eine stete Bereitschaft zur Rechenschaft, eine $\dot{α}\epsilon\iota\lambda ο\gamma\acute{\iota}α$ erkennen kann, findet bei Aeschines das gerade Gegentheil statt: er sucht auf alle mögliche Weise die Rechenschaftsablage zu hintertreiben. Mit 3 geht der Redner sodann zu seiner eigenen Person über: es ist ihm nicht schwer, die Schuld des Aeschines zu beweisen; das einzige, was ihm seine Stellung als Kläger erschwert, ist der Umstand, dass die Sache, um welche es sich in dieser Klage handelt, schon lange verstrichen ist und bei den Athenern alle $\dot{α}\gamma\tilde{ω}\nu\epsilon\varsigma$ $ο\dot{υ}\chi$ $ἧττ ο\nu$ $\tau\tilde{ω}\nu$ $\varkappa α\iota\varrho\tilde{ω}\nu$ $\ἢ$ $\tau\tilde{ω}\nu$ $\pi\varrho α\gamma\mu\acute{α}\tau ω\nu$ sind.

Damit ist das Prooemium abgeschlossen: so kurz es ist, so sachgemäss und schlagend ist es. Man könnte meinen, Demosth. habe bei der Ausarbeitung des Prooemium eine rhetorische Unterweisung vor sich gehabt: so genau schliesst er sich an deren Vorschriften an. Wenn Apsines im Anfang seiner $\tau\acute{\epsilon}\chi\nu\eta$ $\dot{\varrho}\eta\tauο\varrho\iota\varkappa\grave{\eta}$ $\pi\epsilon\varrho\grave{\iota}$ $\pi\varrhoοο\iota\mu\acute{\iota}ου$ (Rhet. Gr. ed. Walz IX, 467) sagt, dass das Prooemium $\dot{\epsilon}\varkappa$ $\pi\varrhoσώπου$ $\ἢ$ $\dot{\epsilon}\varkappa$ $\pi\varrho\acute{α}\gamma\mu α\tauο\varsigma$ $\ἢ$ $\dot{\epsilon}\xi$ $\dot{α}\mu\varphi ο\tilde{\iota}\nu$ $\lambda α\mu\beta\acute{α}\nu\epsilon\tauα\iota$, so ist klar, dass Dem. hier eben von beiden, von der Person und der Sache, dasselbe hernimmt. Da die Person, welche in Betracht kommt, eine dreifache ist, die des Klägers, des Richters und des Beklagten — denn hier fällt Kläger und Redner zusammen —, so sagt Aristot. Rhet. 3, 14 (II, 1415a 25 ed. Acad. Ber.) durchaus richtig, dass die προοίμια — λέγεται — ἐκ τε τοῦ λέγοντος καὶ τοῦ ἀκροατοῦ καὶ τοῦ πράγματος καὶ τοῦ ἐναντίου, nur dass er hierin das πρᾶγμα auf gleiche Stufe mit den verschiedenen Personen stellt. Vgl. Anonym. prolegg. bei Walz Rh. Gr. VII, pag. 52 f. Hier heisst es auch in Bezug auf das Prooemium (pag. 54): λαμβάνεται — ἀπὸ τριῶν τρόπων —· ἀπὸ συστάσεως τοῦ οἰκείου προςώπου, ἀπὸ διαβολῆς τοῦ ἀντιδίκου, ἀπὸ προςοχῆς (der vierte Punkt, den manche noch anführen, kommt hier nicht in Betracht): ἀπὸ συστάσεως μέν, ὅτε εὔνοιαν περιποιῶμεν ἑαυτοῖς τῶν ἀκροατῶν τὸ οἰκεῖον συνιστῶντες πρόσωπον· ἀπὸ δὲ διαβολῆς τοῦ ἀντιδίκου, ὅτε τὸ ἐναντίον διαβάλλειν ἀρχώμεθα —· ἀπὸ προςοχῆς δὲ ἡνίκα τὸ πρᾶγμα αὔξοντες προςεχέστερον διὰ τοῦ προοιμίου τὸν ἀκροατὴν ἐργαζόμεθα ποιοῦντες αὐτὸν σκοπεῖν τὰ εἰρημένα. Andere (vgl. R. Volkmann Hermagoras p. 34 ff.) fassten als die drei Hauptpunkte des Prooemium, den Richter benevolum attentum docilem zu machen (ἔργον προοιμίων εὔνοια πρόςεξις εὐμάθεια): in dieser Bestimmung wird durch die εὔνοια zugleich die Erregung von Hass gegen den Gegner mit umfasst, während die προςοχή in zwei Theile zerlegt wird, die wesentlich doch eng verwandt sind: ein aufmerksamer Zuhörer wird zugleich ein gelehriger sein. Unser Prooemium genügt allen diesen Bestimmungen im vollsten Maasse: zunächst wird πρόσωπον und πρᾶγμα gleichmässig berücksichtigt, indem 1 die Stellung des Richters zum πρᾶγμα auseinandergesetzt wird, 2 die des Angeklagten zu demselben und endlich 3 die des Klägers zu demselben. 1 dient ferner dazu, den Richter aufmerksam zu machen, indem dieser darauf hingewiesen wird, dass das höchste und heiligste für ihn, τὸ δίκαιον, ὁ ὅρκος in Betracht kommt und der ganze ἀγών ὑπὲρ ὑμῶν (die Richter) καὶ ὅλης τῆς πόλεως stattfindet; 2 dient dazu, Hass und Verachtung gegen Aeschines zu erregen, 3 sich selbst das Wohlwollen der Richter zu erwerben, indem er die Schwierigkeit seiner Stellung in diesem Processe zeigt.

Dieser letzte Gedanke bildet dem Dem. den passenden Uebergang zum folgenden Theile der Rede. Indem er nämlich auf die Schwierigkeit seiner Stellung als Ankläger hinweist, worin selbstverständlich die Schwierigkeit für den Richter ein sachgemässes

Urtheil zu fällen enthalten ist, fügt er zugleich hinzu, wodurch diese Schwierigkeit für den Richter wesentlich gehoben werden kann: er muss genau im Auge behalten, um was es sich handelt, und so giebt Dem. hier sogleich die Theile an, um welche sich die Anklage dreht, welche er beweisen will und nach welchen die Richter ihr Urtheil abgeben sollen. Man sieht, wie genau die Forderung Ciceros de or. 2, 80, das principium müsse mit der eigentlichen oratio so eng verbunden sein, dass es als Glied des ganzen Körpers erscheine, erfüllt ist.

Dem. geht also jetzt dazu über, entgegen dem, was verwirrend auf die Urtheilsprechung der Richter einwirken kann, das eigentliche ζήτημα in klaren bestimmten Worten auszusprechen, an das jene sich allein zu halten haben: εἰ σκέψαισθε παρ' ὑμῖν αὐτοῖς, ὦ ἄνδρες δικασταί, καὶ λογίσαισθε τίνων προςήκει τῇ πόλει λόγον παρὰ πρεσβευτοῦ λαβεῖν. Und hieran schliesst sich sofort die partitio. Dem. unterscheidet 5 Punkte, auf die es bei der Beurtheilung der πρεσβεία ankomme: πρῶτον μὲν τοίνυν, ὧν ἀπήγγειλεν, δεύτερον δὲ ὧν ἔπεισεν, τρίτον δὲ ὧν προςετάξατ' αὐτῷ, μετὰ ταῦτα τῶν χρόνων, ἐφ' ἅπασι δὲ τούτοις εἰ ἀδωροδοκήτως ἢ μὴ πάντα ταῦτα πέπρακται. Wir müssen auf diese partitio noch einen kurzen Blick werfen. Sehen wir uns zunächst die folgenden Paragraphen an, in denen er dieselbe motivirt. Wir ersehen aus 5, dass Dem. unter den ἀπαγγελίαι die Berichte versteht, welche die heimkehrenden Gesandten von ihrer Reise machen. An das ἀπαγγέλλειν schliesst sich unmittelbar der zweite Punkt, das πείθειν, wie es bestimmt schon 5 in den Worten ausgesprochen ist: ἐκ μὲν τῶν ἀπαγγελιῶν τὸ βουλεύσασθαι περὶ τῶν πραγμάτων ὑμῖν ἐστίν. ἂν μὲν οὖν ὦσιν ἀληθεῖς, τὰ δέοντ' ἔγνωτε, ἂν δὲ μὴ τοιαῦται, τἀναντία. Τὰς δὲ συμβουλίας πιστοτέρας ὑπολαμβάνει εἶναι τὰς τῶν πρέσβεων. ὡς γὰρ εἰδότων περὶ ὧν ἐπέμφθησαν ἀκούετε. οὐδὲν οὖν ἐξελέγχεσθαι δίκαιός ἐστιν ὁ πρεσβευτὴς φαῦλον οὐδ' ἀσύμφορον ὑμῖν συμβεβουλευκώς.

Von dem Gesandten, welcher eben zurückgekehrt ist, muss man erwarten, dass er ein eingehenderes und richtigeres Urtheil über die Personen und Zustände, auf die sich seine Gesandtschaft bezogen hat, besitzt; von diesen Urtheilen hängen die weitern Entschliessungen ab, die in der betreffenden Sache zu fassen sind; der Rath, welchen der Gesandte auf Grund seiner Erfahrungen während der

Gesandtschaft giebt, wird vor allen andern gehört. Wenn wir also auf die Zeit sehen, welcher dieses ἀπαγγέλλειν und πείθειν angehört, so bezieht sich beides auf die der Rückkehr der Gesandten folgende; wesentlich aber hängen diese beiden Punkte eng zusammen. Der dritte Punkt — ὧν προςετάξατ' αὐτῷ — bezieht sich auf die Zeit der Gesandtschaft selbst: der Gesandte erhält bei seiner Abreise bestimmte Aufträge, die er auszuführen hat und über deren Ausrichtung er selbstverständlich Rechenschaft abzulegen hat. Umfassen diese drei Punkte die ganze Zeit, auf die es bei der Klage ankommt, die der Gesandtschaft selbst und die unmittelbar an die Rückkehr sich anknüpfende, so sind Punkt IV und V specielle Momente, die aus der gesammten Zeit, um welche sich die Klage dreht, herausgenommen sind. Man darf sagen, dass bei dem ersteren dieser Punkte die eigene selbständige Thätigkeit des Gesandten in Frage kommt, während die ersten 3 Punkte mehr die gewöhnlichen selbstverständlichen Erfordernisse des Amts eines πρεσβευτής betreffen. Dem. führt in Bezug auf die χρόνοι dieses selbst 6 aus: die πράγματα beruhen häufig auf einer kurzen Zeit, d. h. ihr Erfolg hängt von der Benutzung des Augenblicks ab: sobald dieser einmal verpasst ist, ist auch das πρᾶγμα rettungslos verloren. Es wird also hier von dem Gesandten verlangt, dass er in jedem Momente die Interessen seines Staats im Auge habend in freier Thätigkeit die Zeit ausnutze und den günstigen Augenblick zum selbständigen Handeln benutze. Im Allgemeinen wird man sagen müssen, dass der vierte Punkt, die χρόνοι, d. h. die Benutzung der χρόνοι, hauptsächlich in die Zeit der Gesandtschaft selbst fällt. Gerade die bestimmte Gesandtschaft, um welche es sich in dieser Klage handelt, hatte Momente in grosser Zahl geboten, welche die Gesandten hätten benutzen müssen, aber nicht benutzt hatten. Weniger kommt dieser Punkt in Betracht, sobald die Gesandten heimgekehrt waren: aber völlig trat er auch hier nicht zurück. Denn die Gesandten, von denen man erwarten musste, dass sie sich über die eigentlichen Entschlüsse und Pläne Philipps unterrichtet, dass sie sich über die gesammten Verhältnisse überhaupt ein richtiges, sachgemässeres Urtheil gebildet hatten, mussten in ihren Rathertheilungen vor allen andern Athenern die χρόνοι richtig zu beurtheilen verstehen, weshalb wir mit Recht sagen dürfen, dieses Moment beziehe sich ebensowohl auf die Zeit der Gesandtschaft selbst, als auf die ihr unmittelbar folgende.

Ebenso umfasst der fünfte Punkt die gesammte Zeit: εἰ ἀδωροδοκήτως ἢ μὴ πάντα ταῦτα πέπρακται. Dieser Punkt ist der eigentliche Kern der ganzen Klage. Wenn die Gesandten durch die Beschränktheit ihrer Urtheilskraft, durch mangelnde Einsicht etc. dazu gebracht wurden, Falsches bei ihrer Rückkehr zu melden, und durch diese ihre unsachgemässen ἀπαγγελίαι zu unrichtigen Entschlüssen die Athener zu bewegen (Punkt I und II), so ist klar, dass von einer wirklichen Schuld der Gesandten nicht die Rede sein konnte. Geschah das ἀπαγγέλλειν und πείθειν aber in dieser Beziehung absichtlich, im Interesse Philipps, so war allerdings die Schuld der Gesandten völlig erwiesen und mit den strengsten Strafen zu ahnden. Ein absichtliches Handeln im Interesse des Feindes konnte aber nur durch wirkliche Bestechung von Seiten dieses stattfinden. Eben so verhält es sich aber auch mit Punkt III. Das Nichtausführen der ihnen gewordenen Aufträge war allerdings, sollte man meinen, immer straffällig: aber wenn die Gesandten zeigten, dass die Verhältnisse sich geändert und sie in Folge dessen diesen oder jenen Auftrag nicht ausgeführt hatten, dass derselbe unmöglich geworden war etc., so war ihre mangelnde Einsicht, selbst das Getäuschtsein durch Philipp keine Schuld, die sie schwerer Strafe aussetzte. Auch hier erhält der ganze Punkt erst seine Färbung, seine Grundlage durch den Punkt V, das absichtliche Handeln im Interesse Philipps, das Bestochensein durch diesen.

Wir sehen also, wie sich die 5 Anklagepunkte in 2 Klassen scheiden: die eng zusammengehörenden Punkte I und II umfassen die Zeit nach der Rückkehr der Gesandten, Punkt III die Zeit der Gesandtschaft selbst; dagegen bilden Punkt IV und V Momente der Klage, welche sich durch die gesammte Zeit, über welche die Gesandten Rechenschaft zu geben haben, erstrecken. Dem. verfährt nun, wie wir sehen werden, durchaus nicht so, dass er sämmtliche 5 Punkte nach einander behandelt, sondern er hält sich an die durch die Puṇkte I—III gegebene Zeitfolge, allerdings mit der Modifikation, dass er die spätere Zeit, welcher das ἀπαγγέλλειν und das πείθειν angehört, zuerst behandelt, um sodann erst die für die Klage wichtigere Zeit der Gesandtschaft selbst, des dritten Klagepunktes, zu geben. Ueber die Gründe der Umstellung dieser Punkte vgl. unten. Die Behandlung aber des Punktes IV ordnet er derjenigen der Punkte I—III unter. Er schliesst, wie wir sehen werden, sofort an die Behandlung von I und II, welche sich um die Zeit nach der

Gesandtschaft drehen, den Punkt IV an, soweit derselbe eben gleichfalls dieser Zeit angehört; er schliesst sodann gleicherweise der Behandlung von Punkt III, welcher sich um die Zeit der Gesandtschaft selbst bewegt, den Punkt IV an, soweit dieser ebenfalls der Zeit der πρεσβεία selbst angehört. Anders verhält es sich wieder mit Punkt V. Das δῶρα λαβεῖν des Aeschines ist die Hauptsache der ganzen Klage, und sie wird gleichsam als Mittelpunkt zwischen Punkt I und II und Punkt III in einer besonderen κατασκευή, wie wir sehen werden, ausgeführt. Aber darin zeigt sich die grosse Meisterschaft des Demosthenes, dass er diesen Punkt gleich vom ersten Augenblicke seiner Rede immer und immer wieder hervorhebt, dass er das ganze Verhalten des Aeschines als allein erklärlich annimmt und hinstellt, wenn man diesen Punkt, das Bestochensein desselben, für bewiesen hält, sodass nach und nach die Wahrheit dieses Punktes als etwas selbstverständliches den Richtern schon im Verfolge von Punkt I und II sich festsetzt. Das δῶρα λαβεῖν tritt in immer neuen Wendungen bei jeder Gelegenheit wie der rothe Faden hervor, welcher der Schuld des Aeschines überhaupt erst die richtige Färbung, die ganze Schwere giebt.

Mit § 8 schliesst Dem. die ganze προκατασκευή, welche die §§ 4—8 umfasst, ab, indem er sagt: ἂν μὲν τοίνυν ἐξελέγξω καὶ δείξω σαφῶς Αἰσχίνην τουτονί — καταψηφίσασθ' αὐτοῦ καὶ δίκην ἀξίαν τῶν ἀδικημάτων λάβετε. Nach Hermogen. περὶ εὑρ. III, 2 (III, 99 ff a. a. O.) ist die Aufgabe der προκατασκευή προεκτίθεσθαι τὰ κεφάλαια καὶ τὰ ζητήματα οἷς περιπλακεὶς ὁ λόγος συμπληρώσει τὴν ὑπόθεσιν. Was Hermog. aber über die verschiedene Stellung der προκατασκευή bei Demosth. hinzufügt, dass derselbe, wenn er die Richter nicht zu täuschen, sondern ehrlich das was er ankündigte zu halten gedenke, die προκατασκευή hinter die διήγησις setze, dass er aber umgekehrt, wenn er die Richter täuschen wolle, dieselbe vor die διήγησις setze, weil bis zur Ausführung der angekündigten Theile die Richter die partitio selbst wieder vergessen hätten, ist durchaus falsch. Der einzige Grund, weshalb Dem. in unserer Rede die προκατασκευή vor die διήγησις setzt, ist der, weil eben die διήγησις so eng mit den κεφάλαια zusammenhängt, oder richtiger in der geschickt angeordneten διήγησις die Klagpunkte selbst enthalten sind, dass jene nothwendig erst der partitio selbst folgen muss. Die Angabe des Hermog. widerlegt sich sofort selbst, indem das angeblich seine Ansicht beweisende Beispiel durchaus nicht passt: Hermog. sagt in Bezug auf unsere Rede: *καὶ γὰρ ἐνταῦϑα φήσας δεῖν πρῶτον εὐϑύνας ἀπαιτεῖν ὧν ἀπήγγειλε τὸ ἀνεύϑυνος ἐπὶ λόγοις μετὰ πολλὰ τέϑεικε κεφάλαια*. Hermog. also hält das Stück 182 ff. für die Ausführung des ersten Klagpunktes: wir werden aber sehen, dass Dem. den ersten Klagpunkt durchaus richtig zuerst ausführt 17 ff. und dass jenes Stück nichts anderes als die Widerlegung einer *προκατάληψις* des Gegners ist, dass also die Ansicht des Hermog. durchaus falsch ist.

Wir sehen, dass die Rede in den ersten 8 Paragraphen rasch und sicher auf das Ziel zuschreitet: dem kurzen Prooemium 1—3 folgt die *προκατασκευή* 4—8 mit der eigentlichen *ζήτησις* und den *κεφάλαια*. Es folgt § 9 ff. die *προκατάστασις*. Soweit stimme ich mit Spengel (die dispositio der Demosthenischen Rede *περὶ παραπρεσβείας* im Rhein. Mus. XVI (1861), pag. 552) überein: während Spengel aber die *προκατάστασις* bis § 28 setzt, geht dieselbe in Wirklichkeit, wie wir sehen werden, nur bis § 16. Die *προκατάστασις* oder *προδιήγησις* wird von Ruf. *τέχνη ῥητ.* 23 (III, 454) dahin definirt: *προδιήγησίς ἐστιν ἡ πρὸ τῆς εἰς τὸ πρᾶγμα τελούσης διηγήσεως αἰτία παραλαμβανομένη*. Hermog. π. εὑρ. handelt II, cap. 1—6 (III, 81—91) von der *προκατάστασις* oder *προδιήγησις*. Er sagt im Allg. 3, 1 (III, 81): *ὡς ἐν κεφαλαίῳ μὲν οὖν εἰπεῖν, πάσης διηγήσεως ἐν παντὶ προβλήματι ζητητέον, τὰ πρεσβύτερα μὲν, χρήσιμα δὲ τῇ ὑποκειμένῃ ἀξιώσει ἢ κρίσει, κἀκεῖϑεν λαμβάνειν ἄξιον· καὶ προκαταστήσαντας, ὡς προςήκει, τὴν προδιήγησιν, οὕτως εἰς αὐτὴν χωρῆσαι τὴν ἐμφαινομένην ἐν αὐτῷ τῷ προβλήματι διήγησιν· ἄτεχνον γὰρ καὶ ἰδιωτικὸν τὸ τῆς διηγήσεως αὐτόϑεν ἄρχεσϑαι, ὅϑεν καὶ τὸ πρόβλημα λέγει.* Auch hier entspricht Dem. wieder allen rhetorischen Anforderungen. Er verfährt sehr geschickt, indem er dem Verhalten des Aeschin. während und nach der Gesandtschaft das vor dieser Zeit entgegenstellt: damals hatte sich Aeschin. durch seinen Hass gegen Philipp hervorgethan, während er plötzlich von einem ganz bestimmten Zeitpunkte ab für jenen redend und handelnd von Dem. dargestellt wird. Dem. führt diese plötzliche Sinnesänderung des Aeschin. auf Bestechung von Seiten Phil. zurück. Man ersieht also, wie äusserst passend, ja wie absolut nothwendig diese ganze Partie der Rede ist: hatte Aeschin. stets im Sinne Phil. gesprochen, auch bevor er mit diesem in irgend welche Berührung gekommen war, so konnte Dem. von einem Bestochensein des Gegners, zumal während seines Aufenthalts in Makedonien, nicht sprechen. Die ganze προδιήγησις dient also wieder dazu, die Richter von vornherein auf den Einen Punkt hinzuweisen, um welchen die ganze Klage sich dreht: ἵν᾽ εἰδῆθ᾽ ὅτι τοῖς ὑφ᾽ ἑαυτοῦ πεπραγμένοις καὶ δεδημηγορημένοις ἐν ἀρχῇ μάλιστ᾽ ἐξελεγχθήσεται δῶρ᾽ ἔχων. 9. Dem. erzählt nun 10—15 das ganze politische Verhalten des Aeschin. bis zu dem von Dem. angenommenen plötzlichen Sinneswechsel: die Zeit vor der ersten Gesandtschaft an Philipp, diese selbst, sowie noch die ersten Tage nach der Rückkehr von derselben erweist sich Aeschin. als den entschiedensten Gegner des makedon. Königs, ja er war überhaupt ὁ πρῶτος Ἀθηναίων αἰσθόμενος Φίλιππον — ἐπιβουλεύοντα τοῖς Ἕλλησι. Zuerst trat er mit seiner geänderten Gesinnung in der zweiten Volksversammlung nach der Rückkehr von der ersten Gesandtschaft auf, in der der Friede bestätigt werden sollte, während er noch in der Volksversammlung am Tage vorher durchaus sachgemäss und im Interesse der Stadt gesprochen hatte. Damit will Dem. natürlich nicht sagen, dass die Bestechung zwischen die erste und zweite Volksversammlung falle, sondern nur, dass jetzt endlich Aeschin. die Zeit gekommen erachtete, die Maske abzuwerfen und im Interesse Philipps zu sprechen. Wenigstens sucht Dem. entschieden den Glauben zu erwecken, dass die Bestechung in Makedonien selbst stattgefunden habe; vgl. 316, 307 sq. Dass sich Dem. aber hierin selbst widerspreche, habe ich in meiner Inaug. Diss. (Marburg 1867) 9 f. zu beweisen gesucht. Die ganze προδιήγησις ist also ein Hinleiten auf den Zeitpunkt, von welchem die eigentliche Klage beginnt und gerade in dem Gegensatze jener und dieser Zeit ist sie äusserst passend, die letztere und damit die Klage selbst hervorzuheben und ihr die richtige Färbung zu geben. Aber auch während der προδιήγησις weiss Dem. durch geschickt eingestreute Worte den Richtern immer den eigentlichen Kern der Klage in der Erinnerung zu erhalten: so 13: καὶ μέχρι τοῦ δεῦρ᾽ ἐπανελθεῖν ἀπὸ τῆς πρώτης πρεσβείας ἐμὲ γοῦν, ὦ ἄνδρες Ἀθηναῖοι, διεφθαρμένος καὶ πεπρακὼς ἑαυτὸν ἐλάνθανεν. Mit 15 könnte man die eigentliche προδιήγησις zu Ende gehen lassen, da 16 schon die Sinnesänderung des Aesch. giebt. Da aber die ganze Klage nur die πρεσβεία selbst in ihrem Verlaufe und ihren Folgen behandelt und behandeln darf, weil es sich ja nur um die εὔθυναι derselben dreht, so gehört auch 16 noch völlig der προδιήγησις an, welche also den Zweck verfolgt, den Richtern die Sinnesänderung des Aeschin., welche Dem. als selbstverständlich auf eine Bestechung von Seiten Philipps zurückführt, zu schildern. Sehr fein schliesst Dem. mit den Worten, Aeschin. habe in Anwesenheit der Gesandten gesprochen, welche auf seinen eigenen Antrieb aus verschiedenen Theilen Griechenlands zusammengekommen waren, ὑπὸ τούτου πεισθέντες, ὅτ' οὔπω πεπρακὼς αὐτὸν ἦν: worin enthalten liegt, dass er damals als er sprach schon bestochen war: wieder eine Hinweisung auf das eigentliche Wesen der Klage, welches so den Richtern ganz allmälig und unmerklich aufgedrängt wird.

Mit § 17 beginnt der erste Theil der Klage: ὧν ἀπήγγειλεν 4. Nach der voraufgegangenen Erzählung des Verhaltens des Aeschin. bis zur zweiten Gesandtschaft an Philipp — ᾗσπέρ εἰσιν αἱ νῦν εὔθυναι — mussten die Anwesenden erwarten, dass Dem. nun zu dieser Gesandtschaft selbst übergehen werde; da er aber aus bestimmten unten näher zu erörternden Gründen diesen Theil der Klage erst nachher behandeln will, so spricht er 17 init. bestimmt aus, dass er diese Zeit zunächst überschlagen wolle (αὐτίχ' ἀκούσεσθε): mit den Worten ἀλλ' ἐπειδὴ πάλιν ἥκομεν ἐκ τῆς πρεσβείας geht er zu der der Gesandtschaft unmittelbar folgenden Zeit über, um der partitio gemäss das ἀπαγγέλλειν und im engsten Anschluss daran das πείθειν des Aeschin. zu behandeln. Dass Dem. hier wirklich das ἀπαγγέλλειν behandeln will, sagt er selbst auf das bestimmteste. Kam das ἀπαγγέλλειν selbstverständlich vor der βουλή und in der ἐκκλησία in Betracht, so behandelt Dem. zunächst jenes, und treu seinem ganzen Verfahren, überall das eigene Verhalten dem des Gegners entgegenzusetzen, da auch diese Rede, ebenso wie die pro cor., sowohl eine Rechtfertigung seiner selbst, als eine Anklage des Gegners enthält, führt er zunächst den eigenen Bericht an: παρελθὼν ἐγώ — ἀπήγγειλα. — Καὶ ἔπεισα τὴν βουλήν. — Dem entgegen wird dann 19 das Verfahren des Aeschin. geschildert in der ἐκκλησία: τοῦ μὲν ἀπαγγέλλειν τι τῶν πεπρεσβευμένων — πάμπληθες ἀπέσχεν. Damit aber soll nicht etwa die folgende Rede des Aeschin. als Nicht-ἀπαγγέλλειν bezeichnet, sondern nur gesagt werden, dass er auf die wirklichen Erlebnisse und Ergebnisse der πρεσβεία gar nicht eingegangen sei, sondern dass seine ἀπαγγελίαι nichts anderes als ἐλπίδες καὶ φενακισμοὶ καὶ ὑποσχέσεις gewesen (26). Dem. fügt jenen Worten τοῦ ἀπαγγέλλειν τι τῶν πεπρεσβευμένων — πάμπληθες ἀπέσχεν hinzu: εἶπεν δὲ τοιούτους λόγους καὶ τηλικαῦτα καὶ τοσαῦτ' ἔχοντας ἀγαθά, ὥςϑ᾽ ἅπαντας ἡμᾶς λαβὼν ᾤχετο: und nun zählt er 20 — 22 diese λόγοι auf. Philipp ist danach der beste Freund Athens, der 'erbittertste Feind Thebens: er wird Theben zerstören, Thespiae und Plataeae aufrichten, die heiligen Tempelschätze wieder eintreiben, aber nicht von den Phokern, sondern von den Thebanern; auch in Betreff Euboeas und Oropos erregt er Hoffnungen. Dass Dem. diese λόγοι des Aeschin. wirklich als ἀπαγγελίαι desselben betrachtet, sagt er selbst so bestimmt, dass man daran zu zweifeln kein Recht hat: so 20: καὶ τὰ κεφάλαι᾽ ἀπήγγελλε πρὸς ὑμᾶς; 23: οὔτ᾽ ἀκούειν ἠθέλετε, οὔτε πιστεύειν ἠβούλεσθ᾽ ἀλλὰ πλὴν ἃ οὗτος ἀπηγγέλκει. 26: τὴν ἀπαγγελίαν τὴν τούτου ταύτην; 28: ὅσ᾽ ἀπήγγειλεν πρὸς ὑμᾶς οὗτος. Da Dem. selbst als ersten Theil seiner Rede die Rechenschaft ὧν ἀπήγγειλεν angegeben hat, so kann man doch wohl nicht zweifeln, dass dieser Theil wirklich der dort angekündigte ist. § 23 und 24 schliesst den Bericht über das ἀπαγγέλλειν ab: Dem. versucht den eiteln Phrasen des Aeschin. entgegenzutreten; aber von Philokrat. und Aeschin. überschrieen und ausgepfiffen, wird er von den Athenern verlacht, die nur die Worte des Aeschin. hören wollen. Man beachte den bittern Hohn auf die Athener selbst, welcher aus jedem Worte dieser beiden Paragraphen spricht und welcher kaum anderswo mit so furchtbarer Kraft wieder gefunden wird.

Damit ist der erste Theil beendet. Man sieht wie dieser Klagepunkt einfach eine διήγησις ist und dass daher von einem Voraufgehen dieser vor der προκατασκευή keine Rede sein konnte, weil die διήγησις oder richtiger die verschiedenen διηγήσεις und die Klage selbst im Grunde völlig zusammenfallen.

25 — 28 schliessen sich noch unmittelbar an den ersten Theil an. Sie zerfallen in zwei Abschnitte, wie Dem. selbst angiebt: τοῦ χάριν δὴ ταῦθ᾽ ὑπέμνησα — ὑμᾶς —; ἑνὸς μὲν — μάλιστα καὶ πρῶτον ἵνα — (25) und 27: δευτέρου δὲ τίνος; καὶ οὐδὲν ἐλάττονος ἢ τούτου ἵνα —. Man kann diese beiden Punkte als zwei προκαταλήψεις betrachten, wenigstens die erste sicher. Schon die der προκατάληψις eigene Form der Einführung weist darauf hin: ἵνα μηδεὶς ὑμῶν, ἐπειδάν τι λέγοντος ἀκούῃ μου τῶν πεπραγμένων δοκῇ δεινὸν αὐτῷ καὶ ὑπερβάλλον εἶναι „εἶτα τότ᾽ οὐκ ἔλεγες παραχρῆμα ταῦτα, οὐδ᾽ ἐδίδασκες ἡμᾶς" θαυμάζῃ —. Im Grunde ist allerdings dieser Einwurf schon durch die διήγησις selbst vorweggenommen, da Dem. in derselben bestimmt hervor-

gehoben hat, er sei sofort den Reden des Aeschin. entgegengetreten: aber dem vergesslichen Sinne der Athener gegenüber hält es Dem. für sehr angebracht, diesen Punkt noch einmal bestimmt hervorzuheben. 27 f. aber dienen dazu wieder dem ersten Klagepunkte, dem ἀπαγγέλλειν, die richtige Färbung zu geben dadurch, dass hervorgehoben wird, es habe stattgefunden, weil Aeschin. von Philipp bestochen war. Ich habe oben gesagt, dass dieser Punkt der rothe Faden sei, welcher sich durch die ganze Klage hindurchziehe, dass alle übrigen Klagpunkte erst durch ihn ihre Bedeutung erhalten. Man kann die beiden Paragraphen daher als eine Zusammenfassung, Recapitulation des ganzen Theils betrachten. Sehr geschickt stellt Dem. hier τὴν ὅτ᾽ ἀδωροδόκητος ὑπῆρχεν προαίρεσιν αὐτοῦ τῆς πολιτείας gegenüber der μετὰ ταῦτ᾽ ἐξαίφνης γεγονυῖα πίστις καὶ φιλία. ἵνα, setzt er hinzu, διὰ τὴν αἰσχροκερδίαν τὴν ἑαυτοῦ καὶ τὸ χρημάτων ἀποδόσθαι τἀληθῆ μεταβεβλημένον αὐτὸν εἰδῆιτε.

Mit § 29 beginnt der zweite Theil der Klage ἃ ἔπεισεν. Derselbe dreht sich wesentlich um die Vernichtung der Phoker: denn in dieser besteht das πείθειν des Aeschin., indem er die Athener überredet hat, den Versprechungen des Philipp zu vertrauen und alle Maassregeln zu unterlassen, welche das Verderben von den Phokern hätten abwenden können. 29. 30. führen den einleitenden Gedanken aus, den Aeschin. nicht für persönlich zu unbedeutend zu halten, als dass ihm die Schuld an der Vernichtung der Phoker aufgebürdet werden könnte und der Klagpunkt wird näher dahin bestimmt: εἶτα καὶ Φωκέας ἀπολώλεκεν μέν, οἶμαι, Φίλιππος, συνηγωνίσαντο δ᾽ οὗτοι. τοῦτο δὴ δεῖ σκοπεῖν καὶ ὁρᾶν, εἰ, ὅσα τῆς Φωκέων σωτηρίας ἐπὶ τὴν πρεσβείαν ἦκεν, ταῦθ᾽ ἅπαντ᾽ ἀπώλεσαν οὗτοι καὶ διέφθειραν ἑκόντες, οὐχ ὡς ὅδε Φωκέας ἀπώλεσεν ἂν καθ᾽ ἑαυτόν. Auch in diesem Theile der Klage ist es dem Demosth. ebenso wie im ersten zunächst darum zu thun, sich und seine Sache von den übrigen Gesandten und besonders von Aeschin. zu trennen. Er geht hier gleichfalls wie oben auf die Verhandlungen vor der βουλή zurück und beweist durch Zeugenaussagen und durch den Wortlaut des προβούλευμα, welches in Folge seiner Aussagen gegeben wurde, dass er von vornherein den Angaben des Aeschin. entgegengetreten sei, ja dass in Folge dessen den Gesandten der höchste Schimpf angethan sei, indem für sie weder eine öffentliche Belobung, noch Einladung ins Prytaneum zuerkannt wurde. Wenn dieser Schimpf Alle Gesandten, also auch den Dem., traf, so ist das natürlich; sein Gegensatz gegen die übrigen Gesandten wird zur Genüge daraus erkannt, dass, wie er sagt, εἰμὶ τοίνυν ὁ κατηγορῶν ἐξ ἀρχῆς ἐγὼ τούτων, τούτων δ' οὐδεὶς ἐμοῦ.

34 geht Dem. zur Behandlung des eigentlichen Themas dieses Punkts, der phokischen Angelegenheit, über. Man kann das ganze Stück, welches in Form einer διήγησις diesen Theil der Klage behandelt, 34—56 sachgemäss in zwei Abschnitte zerlegen 34—46 und 47—56. Als Thema dieses Theils hat Dem. oben selbst hingestellt: Φωκέας ἀπολώλεκεν Φίλιππος, συνηγωνίσαντο οὗτοι und zugleich dort gesagt, man müsse zeigen, dass, ὅσα τῆς Φωκέων σωτηρίας ἐπὶ τὴν πρεσβείαν ἧκεν ταῦθ' ἅπαντ' ἀπώλεσαν οὗτοι καὶ διέφθειραν ἑκόντες. Dem entsprechend zeigt nun Dem. im ersten Abschnitte dieses Stücks 34—46, wie nach gemeinsamem Plane Philipps und Aeschines' Alles darauf angelegt war, zunächst die Athener von jeder Maassregel abzuhalten, welche den Phokern hätte Hülfe bringen können. Der Zorn der Athener, als sie die Ankunft Philipps in Pylae hören, wird zunächst durch die Verkündigung der von Philipp zu erwartenden Güter beschwichtigt; der Brief Phil. ἦν οὗτος ἔγραψεν ἀπολειφθεὶς ἡμῶν — worin Dem. also wieder das planvolle complottmässige Handeln des Phil. und Aeschin. behauptet — wird verlesen: alles was man den Gesandten zum Vorwurf machen konnte wird in demselben von Philipp für sich selbst in Anspruch genommen, dagegen allgemeine Versicherungen gegeben, welche die leichtgläubigen Athener gleichfalls zu den kühnsten Hoffnungen bewegen. Der Versuch des Dem. damals, diesen Erwartungen entgegenzutreten, hatte schon keinen Erfolg mehr; ein schlechter Witz des Philokrates genügte, die Bemühung des Dem. zu vereiteln.

So haben Aeschin. und Philokr. die Athener genügend vorbereitet, um nun zu positiven Maassregeln überzugehen, welche bestimmt sind, die Phoker rettungslos dem Philipp zu überliefern. Philokr. stellt sein ψήφισμα, wodurch den Phokern jede Aussicht auf Hülfe abgeschnitten und sie dem Philipp überantwortet werden: ja es wird mit dem Einschreiten der Athener selbst gedroht, wenn sie sich nicht freiwillig und sofort dem Philipp ergeben. Demosth. schildert, wie die thatsächlichen Verhältnisse derartig waren, dass die Phoker äusserst leicht gerettet werden konnten und diese Rettung im höchsten Interesse Athens war; die Athener selbst haben also die Vernichtung der Phoker und damit die unbestrittene Hegemonie Philipps in Griechenland zu Wege gebracht, und nur deshalb, weil sie den Versprechungen des Aeschin. und Philokr. glaubten: diese sind also die moralischen Urheber der Vernichtung der Phoker.

Damit ist die eigentliche $διήγησις$ dieses Punkts abgeschlossen. Sehen wir auf die gesammte bisher erörterte Abtheilung der Rede zurück, so besteht sie von § 9 an wesentlich nur in einer fortlaufenden $διήγησις$; nur § 25—28 kann man davon ausnehmen. Besonders eng verbunden sind die Theile, welche das $ἀπαγγέλλειν$, und welche das $πείθειν$ behandeln, da die Zeiten, auf welche sich sowohl das $ἀπαγγέλλειν$ als das $πείθειν$ bezieht, so eng zusammenhängen, dass eine genaue Scheidung derselben gar nicht stattfinden kann, wie denn auch wirklich in dem zweiten wie in dem ersten Theile dieselben Ereignisse — wenigstens theilweise — erörtert werden. Insofern bilden, worauf ich schon oben aufmerksam machte, diese beiden Theile wesentlich Einen. Nach dem, was ich oben in Bezug auf die Partitio gesagt habe, muss man erwarten, dass Punkt IV, eben weil derselbe ein allgemeines Moment enthält und sich auf Alle Zeiten der Klage bezieht, hier seine theilweise Behandlung findet, indem Dem. nämlich zeigt, dass während der Zeiten von Punkt I und II Aeschines $ἀνήλωκε$ $τοὺς χρόνους ἐν οἷς πολλῶν καὶ μεγάλων πραγμάτων καιροὶ προεῖνται τῇ πόλει$ (8). Das geschieht denn nun auch wirklich 57—60. Dem. beginnt diese Auseinandersetzung mit den Worten $ἵνα δ' εἰδῆτε σαφῶς, ὅτι ταῦθ' οὕτω καὶ διὰ τούτους ἀπόλωλε, τοὺς χρόνους ὑμῖν λογιοῦμαι, καθ' οὓς ἐγίγνεθ' ἕκαστα$. Und nun setzt er mit genauster Tagesberechnung auseinander, dass es sich damals bei dem $ἀπαγγέλλειν$ und $πείθειν$ allerdings um die sofortige Benutzung der Zeiten handelte, wenn eine Rettung der Phoker bewirkt werden sollte, da Philipp mit einer so fieberhaften Eile handelte, dass Ein Tag schon den Ausschlag geben konnte, dass also mit vollem Rechte gesagt werden kann, wenn man festhält, dass Aeschines durch die Erregung von Hoffnungen etc. die Athener absichtlich an der raschen augenblicklichen Benutzung der Zeiten gehindert hat: $ἀνήλωκε τοὺς χρόνους ἐν οἷς πολλῶν καὶ μεγάλων πραγμάτων καιροὶ προεῖνται τῇ πόλει$.

Das Stück 61 — 71 kann man nicht anders als Egression oder παρέκβασις bezeichnen. Das was die griechischen Rhetoren über diesen Theil der Rede haben, ist sehr dürftig: Quinctil. Inst. Or. 4, 3, 5 sagt: nihil enim tam est consequens, quam narrationi probatio: nisi si excursus ille vel quasi finis narrationis vel quasi initium probationis est. Der Excurs dient danach also entweder zum Abschluss der Erzählung oder zur Einleitung in die confirmatio. Allgemeiner spricht Quinctil. sodann § 12 ff. über die παρέκβασις, die überhaupt an jede beliebige Stelle der Rede gesetzt werden kann, und bestimmt sie als alicujus rei, sed ad utilitatem causae pertinentis, extra ordinem excurrens tractatio. Als Inhalt derselben wird angegeben indignatio miseratio invidia convicium excusatio conciliatio male dictorum refutatio; sodann überhaupt omnis amplificatio minutio omne affectus genus etc.

Der Zweck der παρέκβασις 61 — 71 ist nun offenbar, das Verhalten des Aeschin. in Bezug auf die Phoker, den Erfolg seines Handelns, welcher in der völligen Vernichtung der Phoker besteht, als etwas äusserst hassenswerthes, verabschauungswürdiges darzustellen. Die unmittelbare Gegenüberstellung der συμμαχία Φωκέων καὶ Ἀθηναίων und der ὁμολογία Φιλίππου καὶ Φωκέων dient hierzu vortrefflich. Dort wird φιλία, συμμαχία, βοήθεια verheissen, hier erfolgt Ueberlieferung auf Gnade und Ungnade. Und doch ist in Wirklichkeit das Schicksal der Phoker noch schrecklicher gewesen, indem, gegen die Bestimmungen des Vertrags, die Auslieferung der Phoker nicht an Philipp selbst, sondern an die Thebaner, die erbittertsten Feinde der Phoker, geschehen ist. Es folgen die Bestimmungen der Amphiktyonen, die bekanntlich die Phoker als Theilnehmer des Bundes strichen und Philipp an ihre Stelle setzten, es folgt sodann eine Schilderung des harten Schicksals der phokischen Städte nach der eigenen Anschauung des Demosth. Das alles hat Aeschin. verschuldet: 67 — 69 dienen dazu, die volle Verächtlichkeit desselben hervorzuheben, der als feiler Sclave nur auf des Königs Befehl wartet, um für Geld die Interessen des eigenen Vaterlandes zu verrathen. Aber nicht blos verächtlich, auch gottlos und verflucht ist sein Beginnen: denn ihn trifft der Fluch (70), den der Herold in jeder Volksversammlung auf den herabruft, der nicht des Vaterlandes Wohl bei seinen Reden und Berathungen im Auge hat. Und so schliesst denn Dem. 71 damit, die Richter aufzufordern, die volle Schwere des Gesetzes über ihn walten zu lassen.

Werfen wir noch einen Blick auf das ganze Stück 17—71 zurück, so ist dasselbe als eine doppelte κατασκευή zu bezeichnen, und behandelt, entsprechend der partitio, zunächst bis 28 das ἀπαγγέλλειν, 29—56 das πείθειν der Klage. Obgleich Dem. 25—26 einmal einen Einwand widerlegt, welcher gegen den ersten Klagpunkt erhoben werden kann, sodann (27 f.) in einem ἐπίλογος den Punkt abschliesst, so dass dieser allerdings als ein selbständig für sich bestehender erscheint, so darf man doch sagen, dass Punkt I und II wesentlich so eng zusammen hängen und von Dem. auch wirklich in einer so engen Verbindung dargestellt werden, dass beide Punkte damit fast völlig als Einer erscheinen. Zu diesen beiden Punkten tritt dann 57—60 der vierte Punkt, die χρόνοι, hinzu, soweit derselbe eben für jene in Betracht kommt. So schliesst Dem. durchaus richtig die ganze Darstellung 60 fin. ab: οὐκοῦν τοῖς χρόνοις, οἷς ἀπήγγελλον, οἷς ἔγραφον, πᾶσιν ἐξελέγχονται συνηγωνισμένοι Φιλίππῳ καὶ συναίτιοι γεγονότες τοῦ τῶν Φωκέων ὀλέθρου. Hier werden also die drei behandelten Theile recapitulirend zusammengefasst: die χρόνοι zuerst, weil unmittelbar vorher behandelt, sodann das ἀπαγγέλλειν, endlich das πείθειν: denn dieses ist in dem γράφειν enthalten. Daran schliesst sich dann die Egression 61—71, in welcher gleichfalls die Verbindung von I und II festgehalten wird. Ueberall wird Bezug genommen auf das was ἔπειθον sowohl, als das was ἀπήγγελλον. Der Erfolg, das Resultat sowohl jenes wie dieses ist die Vernichtung der Phoker und daher wird diese schon 60 fin. als der wesentliche Inhalt der Verschuldung dargestellt, welche aus diesem Gesammttheile der Klage folgt. Zu bemerken ist auch hier wieder, wie ich schon in Bezug auf den Theil der Klage 17—28 bemerkt habe, dass durch die ganze Auseinandersetzung 29—60 und 61—71 die Voraussetzung sich hindurchzieht, Aeschin. habe von Phil. bestochen gehandelt. Von einem Beweise dieser Behauptung (des Punkts V) ist noch nicht die Rede gewesen, aber die immer wieder in neuen Wendungen hervortretende Ueberzeugung des Dem. geht so unmerklich in die Richter selbst über. Noch am Schluss heisst es: εἰς ταῦτα μισθώσαντες ἑαυτοὺς ὑμᾶς ἐξηπάτων.

Auf die κατασκευή (17—71, wenn wir die verschiedenen Theile in Eins zusammenfassen) folgt die ἀνασκευή. Sie enthält mehrere προκαταλήψεις. Dass diese Einwände des Aeschin. sich überhaupt auf das ganze Vorhergehende, I und II (und theilweise IV), beziehen, hebt Dem. selbst sofort hervor: εἰς τοῦτ' ἀναιδείας — ἥξειν ἀκούω, ὥστε πάντων τῶν πεπραγμένων ἔστ᾿ ντα ὧν ἀπήγγειλεν ὧν ὑπέσχετο ὧν πεφενάκικε τὴν πόλιν (dieser letzte Ausdruck das Wesen des ἀπαγγέλλειν und ὑπισχνεῖσθαι, eben weil aus böser Absicht geschehend, zusammenfassend). Der erste Einwand wird 72—77 widerlegt. Scheinbar enthält diese Stelle mehrere Einwände, indem Dem. πρῶτον μὲν Λακεδαιμονίων, εἶτα Φωκέων, εἶθ' Ἡγησίππου κατηγορήσει zusammenfasst, wozu im Folgenden noch ὡς Πρόξενον οὐχ ὑπεδέξαντο, ὡς ἀσεβεῖς εἰσίν, ὡς — hinzukömmt. Diese verschiedenen Einwände werden dadurch zu Einem, dass πάντα δήπου ταῦτα πρὸ τοῦ τοὺς πρέσβεις τούτους δεῦρ' ἥκειν ἐπέπρακτο καὶ οὐκ ἦν ἐμποδὼν τῷ τοὺς Φωκέας σώζεσθαι. Eben hierdurch aber werden diese Einwände widerlegt.

Diese Einwände, die Demosth. hier zurückweist, und die Aeschin. fast alle auch wirklich anführt (130 ff.), waren zu erwarten von Aeschin. und wir müssten uns wundern, wenn Dem. sie nicht erwähnt hätte. Den Phokern war von Athen Hülfe geboten, indem Proxenos den Auftrag erhielt, Alponos Thronion Nikaia zu besetzen, wodurch der Pass von Thermopylae beherrscht wurde. Die Phoker aber — Phalaekos — wiesen diese Hülfe zurück und legten diejenigen, welche als Gesandte auf eigene Hand nach Athen gegangen waren, um die Athener zu diesem Schritte zu bewegen, in Fesseln. Ebenso bot Archidamos, König von Sparta, den Phokern seine Hülfe an; auch er wurde mit der höhnischen Antwort zurückgewiesen τὰ τῆς Σπάρτης δεινὰ δεδιέναι καὶ μὴ τὰ παρ' αὑτοῖς. Dem. musste also erwarten, dass Aeschin. auf den Vorwurf, er habe die Phoker preisgegeben, antworten werde: wie sollte Athen Den Leuten Hülfe bringen, die Alles, auch die Hülfe Athens zurückgewiesen hatten. So nothwendig nun die Erwähnung dieser Einwände von Seiten des Dem. war, so einfach und überzeugend ist ihre Widerlegung: die Rettung der Phoker musste geschehen nicht ihretwegen, sondern Athens wegen; stiessen jene die Hülfe zurück, so mussten die Athener dieselbe dennoch für sich selbst bringen und Pylae vertheidigen.

78 f. bringt einen zweiten Einwand. Ist auch Phokis verloren, so ist doch die Chersonnesos gerettet. Dieser Einwand liegt scheinbar sehr entfernt und ist in dieser Fassung auch nicht von Aeschin. beigebracht, doch vgl. 69 ff. Dennoch konnte er so oder ähnlich

erwartet werden. Es war unter allen Umständen von Aesch. eine Darlegung zu erwarten, dass die Lage der Stadt eine so verzweifelte gewesen sei, dass die Athener hätten froh sein müssen, sich im Besitz der Chersonnesos verbleiben zu sehen; Phokis sei nicht zu retten gewesen. Dagegen macht Demosth. geltend, dass es sich damals überhaupt nicht um die Chersonnes gehandelt habe: diese war gerettet und für Athen gesichert: auf sie war überhaupt keine Rücksicht zu nehmen. Aber selbst wenn der Besitz der Chersonnes damals auf dem Spiele gestanden hätte, so war jedenfalls mehr Aussicht für die Athener, dieselbe für immer sich zu erhalten, wenn sie durch energisches Handeln sich in eine achtunggebietende Stellung dem Philipp gegenüber setzten, als jetzt, da sie den Schlüssel Griechenlands Pylae fortgegeben hatten und eigentlich nur noch von der Gnade Philipps abhingen.

80 ff. bringt Dem. einen neuen Einwand vor. Wenn wirklich die Behauptung, dass Aeschin. schuldig an dem Verderben der Phoker sei, begründet war, so war nichts natürlicher, als dass die Phoker selbst diese Beschuldigung gegen ihn erhoben oder wenigstens des Dem. Vorwurf unterstützten und bestätigten. Dieser Einwand hat auf den ersten Blick etwas einleuchtendes. Dem. wusste aber ausserdem, dass Aesch. ausdrücklich zu dem Zwecke der Widerlegung der Anklage jene Männer aus Phokis und Boeotien hatte kommen lassen, deren Zeugniss er für sich aufführt. Ob dieselben von Aesch. bestochen waren, wissen wir nicht; Dem. spielt jedenfalls 80 fin. darauf an. Dem. sucht diese Einrede zu widerlegen, indem er anführt, dass die besten und edelsten Phoker das Vaterland verlassen haben; die schlechten, die für Geld etwa eine solche Anklage übernehmen würden, finden keinen Geber: denn wer der Phoker sollte ihnen dasselbe geben, da das Land ausgesogen ist? Andere aber bekümmern sich um die unglücklichen Phoker nicht. Die Masse dieser aber ist so durch Noth und Unglück niedergebeugt, dass sie an nichts weniger denken, als an solche Klage. Wird so schon der Einwand zurückgewiesen, so folgt 82 der Beweis, dass er überhaupt unzulässig: Aesch. ist angeklagt, an dem Verderben der Phoker Schuld zu sein; ob er von einem Phoker oder von Dem. angeklagt ist, bleibt gleichgültig: hier kommt es darauf an zu beweisen, dass die Klage unbegründet, also entweder ὡς οὐκ ἀπολώλασι Φωκεῖς oder ὡς οὐχ ὑπέσχετο σώσειν αὐτοὺς Φίλιππον.

Hier (83 ff.) scheint Dem. der passendste Ort zu sein, ein Bild der entwürdigenden traurigen Lage des athenischen Staats zu entwerfen, die eben durch die Vernichtung der Phoker über sie gekommen ist. Diese Ausführung knüpft sich eng an das Vorhergehende. Hat Dem. 82 geschlossen: οὕτω γὰρ διέθηκας αὐτοὺς — ὥςτε μήτε τοῖς φίλοις βοηθεῖν μήτε τοὺς ἐχθροὺς ἀμύνεσθαι δύνασθαι, so liegt eine Vergleichung des Zustandes der Phoker mit dem der Athener fast auf der Hand. Aber auch in direkter Beziehung zu dem Processe selbst steht dieser Theil: ist der Zustand Athens in der That so beklagenswerth und zwar herbeigeführt durch die Vernichtung von Phokis, an der wieder die Gesandten und speciel Aeschin. Schuld haben, so fällt auch die Schuld an der Lage Athens auf jene zurück. Dieser Zustand Athens bildet daher ein wesentliches Moment in der ganzen Klagführung. So gewiss wir daher diese ganze Ausführung einerseits als Egression bezeichnen müssen, so passend ist dieselbe auf der andern Seite. Behauptet Aesch., er sei nicht Schuld an der traurigen Lage der Phoker, so dreht Dem. den Spiess um und schleudert ihm nicht nur die Schuld an dem trostlosen Zustand von Phokis, sondern auch an dem des eigenen Vaterlandes ins Gesicht. Dadurch, dass die Phoker Herren von Pylae waren, waren die Athener sowohl gegen die Thebaner, als gegen Philipp sicher, und kein Einfall in die Peloponnes, in Euboea, in Attica zu befürchten. Durch die Vernichtung von Phokis mit seinen befestigten Städten, durch die Besetzung von Pylae ist diese Sicherheit zu nichte geworden und der erste Feldzug, auf dem die Athener mit so gutem Erfolge Griechenland gegen einen Einfall Philipps vertheidigten, ist vergeblich gewesen, die Gelder sind unnütz ausgegeben, die Hoffnungen in Bezug auf Theben zu Schanden geworden. Die Thebaner sind mächtiger als vorher geworden: statt des freundschaftlichen Verhältnisses zwischen Theben und Athen herrscht Misstrauen, Feindschaft, statt der Demüthigung Thebens die grösste Freundschaft mit Philipp.

Durch ein schlagendes Beispiel wird diese Hülflosigkeit Athens treffend geschildert: dasselbe ist gerade deshalb so passend, weil es mit dem Process selbst in unmittelbarstem Zusammenhange steht, die Schuld der Gesandten noch vergrössernd, gleichsam eine Fortsetzung ihrer Bemühungen gegen Phokis enthaltend. Als die Nachricht von der Vernichtung der Phoker nach Athen kam, verbreitete sich daselbst eine solche Bestürzung, dass man, da das Fest der

Herakleen nahe war, beschloss, dieses in der Stadt zu feiern, im Glauben Philipp werde sofort in Attica einrücken. Die Sitte des Dem., eine Sache dadurch in ihrer vollen Bedeutung zu zeigen, dass ihr ein Gegenstück vorgehalten wird, wird auch hier befolgt. Dem. lässt einen Beschluss des Diophantos verlesen, welcher eine Danksagung hatte veranstalten lassen nach der glücklichen Vertreibung des Philipp durch Besetzung von Pylae — Dem. setzt bitter hinzu: ὅτε τὰ δέοντ' ἐποιεῖτε — und stellt dieser dann das ψήφισμα des Kallisthenes gegenüber: wie ganz anders war es gekommen, als diese euch vorgepredigt und verheissen hatten! Und das war nur der Anfang der beständigen Unruhe und Sorge, in der ihr euch seitdem befandet. Welchen jämmerlichen Eindruck musste es machen, wie mussten sich die Athener gedrückt fühlen, wenn sie, die stolz die Vorsteherschaft von Griechenland mit Recht beansprucht hatten, nun: ὁσάκις πρὸς Πορϑμῷ ἢ πρὸς Μεγάροις ἀκούοντες δύναμιν Φιλίππου καὶ ξένους ἐϑορυβεῖσϑε πάντες ἐπίστασϑε. Selbst in Attica einzufallen ist dem Philipp die Macht durch diese geworden. 86 f.

88—90 folgt eine neue προκατάληψις. Allerdings kann man, genau genommen, dieses Stück kaum als eine solche betrachten. Denn man sollte meinen, dass ein Preis des Friedens, wie ihn Aeschin. erheben wird nach des Dem. Ueberzeugung, überhaupt ganz unangebracht sei, weil er mit der Klage selbst nichts zu thun habe. Aber Dem. kennt seinen Gegner und dieser kennt wieder, eben so wie Dem., die Athener zur Genüge, um zu wissen, welch ein beliebtes Thema der Frieden den Ohren derselben ist. Dem. musste erwarten, dass Aeschin. sagen würde: wenn auch Phokis verloren ist, so habt ihr doch nun endlich nach langen Jahren des Kriegs den Frieden, welcher seine segnenden Wirkungen auf das Land ausübt. Wie richtig Dem. den Aesch. beurtheilt, zeigt der Umstand, dass sein Gegner wirklich ein begeistertes Lob des Friedens anstimmt 172 ff. Dem. zeigt nun, wie der Frieden, allerdings an und für sich καλὸν πρᾶγμα φύσει, durch Aesch. verderbt ist und seine Segnungen einbüsst; wie die Macht Philipps, durch die Eroberungen in Thrakien, durch die Besetzung von Pylae in bedenklicher Weise gewachsen, den Athenern keinen Augenblick Ruhe lässt und sie nicht zum Genuss des Friedens kommen lässt.

Hiermit ist der erste Theil der Klage beendet. Er enthält also die zeitlich und wesentlich eng zusammenhängenden Punkte I und

II der partitio, sowie den Punkt IV, soweit dieser für die in Punkt I und II behandelte Zeit in Betracht kommt. Er zerfällt sachgemäss in die beiden Unterabtheilungen der κατασκευή bis 71 und der ἀνασκευή bis 90. Er hat, trotzdem er verschiedene Punkte der partitio behandelt, seine Einheit darin, dass er die Zeit nach der Rückkehr der Gesandten behandelt und deshalb ganz vorzugsweise oder ausschliesslich sich mit den Angelegenheiten der Phoker be- beschäftigt. Daher beziehen sich auch die προκαταλήψεις entweder speciel auf das Schicksal der Phoker oder wenigstens auf die Zeit nach der Rückkehr der Gesandten aus Makedonien überhaupt. Daher sind auch die ἐγκώμια εἰρήνης hier allein am Platze.

91 ff. enthalten eine recapitulatio, ἀνακεφαλαίωσις des ersten Haupttheils, worüber vgl. Ernesti lex. techn. s. v. ἀνακεφαλαίωσις pag. 19. Volkmann a. a. O. pag. 129. Dem. hebt hervor, dass die Richter ὅσον οὗτος αἴτιος σκεψάμενοι danach dem Aeschin. Dank oder Strafe zukommen lassen sollen. Dem. macht die Richter darauf aufmerksam, wie Aesch. jedenfalls versuchen werde, den Standpunkt der Klage zu verrücken, wie er durch Zusammenwürfelung verschiedener Momente die Aufmerksamkeit von dem, worauf es bei diesem Processe eigentlich ankomme, abzuwenden suchen werde. Und nun stellt Dem. noch einmal in kurzen schlagenden Sätzen, theilweise in Form von Frage und Antwort, den im Vorhergehenden behandelten ersten Haupttheil der Klage zusammen. Sehr geschickt aber ist diese ἀνακεφαλαίωσις mit dem unmittelbar vorhergehenden Stücke, den ἐγκώμια εἰρήνης des Aeschin., verknüpft, indem die εἰρήνη hier ganz besonders betont wird. Insofern ist dieses Stück 91—97 auf der einen Seite eine äusserst geschickte Erweiterung und Ausführung der wichtigsten προκατάληψις, der ἐγκώμια εἰρήνης, anderseits eine nothwendige ἀνακεφαλαίωσις des ganzen ersten Theils Meisterhaft ist die Hervorhebung des Kernpunkts, um den es sich handelt: βουλευομένων ὑμῶν οὐ περὶ τοῦ εἰ ποιητέον εἰρήνην ἢ μή, ἀλλ᾽ ὑπὲρ τοῦ ποίαν τινὰ τοῖς τὰ δίκαια λέγουσιν ἀντειπών, τῷ μισθοῦ γράφοντι συνεῖπε δῶρα λαβών, καὶ μετὰ ταῦτ᾽ ἐπὶ τοῖς ὅρκοις αἱρεθεὶς ὧν μὲν ὑμεῖς προςετάξατε οὐδ᾽ ὁτιοῦν ἐποίησεν, τοὺς δ᾽ ἐπὶ πολέμου διασωθέντας ἀπώλεσε τῶν συμμάχων καὶ τηλικαῦτα καὶ τοιαῦτ᾽ ἐψεύσατο, ἡλίκ᾽ οὐδεὶς πώποτ᾽ ἄλλος ἀνθρώπων οὔτε πρότερον οὔθ᾽ ὕστερον. Wenn Dem. hier den Inhalt der Gesammtklage,

nicht bloss des ersten behandelten Theils, angiebt, so kann das nicht auffallen, da es dem Dem. darauf ankommt, entgegen dem erwarteten Verfahren des Aesch., alle Momente durch einander zu werfen, den eigentlichen Kern, den Gesammtinhalt der ganzen Klage bestimmt hervorzuheben. Und wie die ἀνακεφαλαίωσις nicht nur eine trockene Wiederholung des schon gesagten sein, sondern den Hauptpunkt recht kräftig betonen soll, so kehrt Dem. am Schluss dieses Stücks 96 f. noch einmal zu der εἰρήνη zurück, dem schwerwiegendsten Einwurfe des Aeschin. Dieser wird alle die Punkte, welche der schon behandelte Haupttheil der Klage enthält, niederzuschlagen suchen durch τῆς εἰρήνης ἀπολογία. Wie sehr Dem. diese fürchtet, sagt er selbst. Aber, fügt er hinzu, freut ihr euch wirklich über den Frieden, wie wir ihn haben, so sagt den Feldherren Dank, die ihre Sache schlecht gemacht haben; denn hätten sie erfolgreich gekriegt, so hätte man euch nicht einmal das Wort Frieden nennen dürfen. Εἰρήνη μὲν οὖν δι' ἐκείνους (die Feldherren), ἐπικίνδυνος δὲ καὶ σφαλερὰ καὶ ἄπιστος διὰ τούτους γέγονεν δωροδοκήσαντας. Εἴργετ' οὖν, εἴργετ' αὐτὸν τῶν ὑπὲρ τῆς εἰρήνης λόγων, εἰς δὲ τοὺς ὑπὲρ τῶν πεπραγμένων ἐμβιβάζετε. οἱ γὰρ Αἰσχίνης ὑπὲρ τῆς εἰρήνης κρίνεται, οὔ, ἀλλ' ἡ εἰρήνη δι' Αἰσχίνην διαβέβληται.

Dem. geht jetzt zum zweiten Haupttheile der Klage, dem Punkte V, εἰ ἀδωροδοκήτως ἢ μὴ πάντα ταῦτα πέπρακται (4), über. Aeusserlich wird derselbe unmittelbar an das vorhergehende angeknüpft, indem er ganz als weitere προκατάληψις erscheint. Aber das darf uns nicht irre machen. Dem. nemlich sagt: ὅτι μὲν τοίνυν αἰσχρῶς καὶ κακῶς πάντα ταῦθ' ὑπὸ τούτων ἀπόλωλε καὶ διέφθαρται, οἶμαι πάντας ὑμᾶς εἰδέναι. Ist dieses aber ὑπ' ἀβελτερίας ἢ δι' εὐήθειαν ἢ δι' ἄλλην ἄγνοιαν ἡντινοῦν geschehen, so will ich selbst Aesch. freisprechen. Denn obgleich im Grunde selbst diese Entschuldigung durchaus nicht stichhaltig ist, so wollte ich sie doch gelten lassen. Aber: ἂν μέντοι διὰ πονηρίαν ἀργύριον λαβὼν καὶ δῶρα, καὶ τοῦτ' ἐξελεγχθῇ σαφῶς ὑπ' αὐτῶν τῶν πεπραγμένων· μάλιστα μέν, εἰ οἷόν τε, ἀποκτείνατε, εἰ δὲ μή, ζῶντα τοῖς λοιποῖς παράδειγμα ποιήσατε. σκοπεῖτε δὴ τὸν ὑπὲρ τούτων ἔλεγχον, ὡς δίκαιος ἔσται, μεθ' ὑμῶν.

Wie gesagt, so scheinbar dieses in der Form eines Einwurfs des Aesch. auftritt, so kann uns dieses doch nicht verführen, das

Folgende anders aufzufassen, denn als den zweiten Haupttheil der Klage, den Punkt V. Weshalb aber Dem. gerade hier die Behandlung dieses Schlusspunkts der partitio giebt, darüber behalte ich mir noch einige Bemerkungen weiter unten vor. Völlig unpassend aber muss es erscheinen, wenn Voemel (in seiner Ausgabe) hier (nach 101) das Stück 332—40 einschieben will. Ich denke doch, man erwartet jetzt den Beweis dieses angekündigten neuen Punktes, besonders da in den Schlussworten 101 σκοπεῖτε δὴ τὸν ὑπὲρ τούτων ἔλεγχον ὡς δίκαιος ἔσται, μεθ᾽ ὑμῶν so bestimmt auf den nun folgenden ἔλεγχος hingewiesen wird.

Was die Ausführung dieses Punktes 102—33 betrifft, so sind die hier angeführten πίστεις nur ἔντεχνοι. Von einem Beweise des Bestochenseins seines Gegners durch Anführung von Zeugen, welche die Annahme des Geldes von Seiten des Aeschin. aus der Hand Philipps gesehen haben und bezeugen können, und ähnlichem Beweismaterial ist nicht die Rede: es sind πίστεις λογικαί, die über blosse probabilia nicht hinüberkommen. Dessenungeachtet darf man sagen, dass manche der hier angeführten Argumente in der That eine grosse moralische Kraft haben. So vor allem der erste 102—110. Wenn Aeschin wirklich nicht bestochen war, so führt Dem. aus, so musste er sagen, dass Philipp ihm die Versprechungen, welche er hernach den Athenern vortrug, wirklich gemacht, ihn also absichtlich getäuscht und belogen habe, oder dass er τῇ περὶ τἆλλα φιλανθρωπίᾳ dupirt [so etwas wirklich erwartet und gehofft habe. In beiden Fällen musste Aesch. den Philipp mit dem bittersten Hasse jetzt verfolgen. Davon aber hat Niemand bislang etwas erfahren; Aesch., obgleich ganz Athen Philipp hasst, verklagt ihn am wenigsten. Mit grosser Ueberzeugung schliesst daher Dem.: οὐ παρακρουσθεὶς οὐδ᾽ ἐξαπατηθεὶς ἀλλὰ μισθώσας αὐτὸν καὶ λαβὼν ἀργύριον ταῦτ᾽ εἶπε καὶ προύδωκεν ἐκείνῳ.

Ja noch mehr — und dieses führt den zweiten Beweis ein. Als die Gesandten des Phil. und der Thessaler die Aufnahme jenes in den Amphictyonenbund verlangten und Aesch. eben erst erfahren hatte, dass das gerade Gegentheil von dem, was er verheissen im Namen Philipps, eingetreten sei, sein Hass also gegen Phil. am heftigsten sein musste, da hat er, als Alles in Athen dagegen war, allein dafür gesprochen und zu dieser Frechheit noch Hohn hinzugefügt. 111—13.

Und weiter — ein neues Moment —: Philokr. hat sowohl durch

seine Thaten und Worte im Allgemeinen es gezeigt, als auch oft in
der Volksversammlung eingestanden, dass er Gelder empfangen hat,
sodass es von diesem nicht bezweifelt werden kann: kann von Aesch.
etwas anderes angenommen werden, da er stets in innigstem Ver-
kehre mit Philokr. gestanden und die Gegner Jenes stets zu den seinigen gemacht hat? War es sonst doch seine Pflicht, sich mit Ent-
schiedenheit von jenem abzuwenden.   Daher schliesst Dem. auch
diesen Beweis: εὑρήσετε μεγάλα, ὦ ἄνδρες Ἀθηναῖοι, καὶ ἐναργῆ
σημεῖα τοῦ χρήματα τοῦτον ἔχειν. 114—15.
Endlich als letzten Beweis (σημεῖον) führt Dem. die Klage des
Hyperides gegen Philokr. auf, wobei Aesch. als Beistand dieses aufgetreten war. Dem. hatte gesagt, es gefalle ihm an der Klage nicht,
dass Philokr. allein angeklagt werde, da die andern Gesandten eben
so schuldig seien. Und so war Dem. aufgestanden und hatte gesagt,
wem die Thaten des Philokr. missfallen, möge sich melden; aber es
war keiner aufgestanden. Wenn auch die Andern hierfür Entschuldigungen haben möchten, Aeschin. habe keine und aus seinem
Verfahren leuchte klar hervor, dass er bestochen sei. Passend knüpft
hier Dem. noch die Bemerkung an, dass, wenn er nicht verurtheilt
werde, er stets fortfahren werde im Interesse Phil. zu wirken; daher
schon aus diesem Grunde ein Unschädlichmachen desselben wünschenswerth sei. Wäre es schon Pflicht jedes ehrenhaften Mannes
gewesen, selbst wenn Philokr. seine Gesandtschaft gut geführt, aber
eingestanden hätte, Gelder angenommen zu haben, von ihm sich abzuwenden, so war es doch in diesem Falle für Aesch. vor allem
nöthig. Ruft das nicht laut, dass derselbe gleichfalls bestochen ist
καὶ πονηρός ἐστιν ἀργυρίον συνεχῶς οὐ δι᾽ ἀβελτερίαν οὐδὲ
δι᾽ ἄγνοιαν οὐδ᾽ ἀποτυγχάνων;

Damit hat Dem. die Beweise geliefert, welche er 101 versprach;
dass er selbst dieses so auffasst, zeigt die bestimmte Rücksichtnahme
der Worte am Schluss der Beweisführung 119 fin. auf die Worte 101:
δι᾽ εὐήθειαν ἢ δι᾽ ἄλλην ἄγνοιαν ἠντινοῦν und 119: δι᾽
ἀβελτερίαν οὐδὲ δι᾽ ἄγνοιαν. Ferner 101: διὰ πονηρίαν ἀργύριον λαβὼν καὶ δῶρα und 119: πονηρός ἐστιν ἀργυρίου.

Betrachtet man diese vier Beweispunkte, so ist ihre Reihenfolge
nicht zufällig: Dem. folgt dabei der Zeit: er schildert zuerst den
Hass, den Aesch. sofort damals fassen musste, als er sah, Philipp
verfuhr ganz anders als er versprochen; er geht dann auf die der
Zeit nach folgende Gesandtschaft der Thessaler und Phil. über, um

auf das Benehmen des Philokr. zu kommen, mit welchem Aesch. in engster Beziehung gestanden hatte und welches der vor Kurzem erfolgten Klage gegen Philokr. voraufgegangen war.

Ich habe schon oben gesagt, dass man diese πίστεις nur als schwach bezeichnen kann: es sind Indicien, σημεῖα, die über eine gewisse Wahrscheinlichkeit nicht hinüber gehen. Dem. selbst musste das fühlen und erwarten, dass Aesch. diesen Punkt bestimmt hervorheben werde. Daher sucht er 120 diesem erwarteten Einwande des Gegners zuvorzukommen. Aesch., sagt Dem., wird mir entgegnen: was du da anführst ist kein Beweis; ich verlange die Vorführung von Zeugen, von schriftlichen Documenten etc. Diesem setzt Dem. die Worte entgegen, dass die Thatsachen selbst, die er anführe, viel mehr beweisen als Zeugen, die man überrede oder besteche etc. Ausserdem aber, fügt Dem. hinzu, trittst du selbst als Zeuge gegen dich auf, der du mir auf alles, was ich gegen dich vorbringe, nichts zu antworten vermagst. Dem. gebraucht hier eine rhetorische Figur, die für uns etwas sehr gesuchtes und gemachtes an sich hat, bei den Athenern aber wohl nicht ohne Eindruck bleiben mochte.

120 darf man also als προκατάληψις bezeichnen. Man mag es für unpassend halten, dass Dem., nachdem er für seine Behauptung vier Beweispunkte angeführt und dieselben scheinbar definitiv durch die προκατάληψις 120 geschlossen hat, nun 121 ff. auf einen neuen Beweis übergeht. Aber Dem. verfährt hier völlig planmässig. Es ist ihm darum zu thun die Thatsache, welche er 121—30 anführt und auf welche er ganz offenbar das Hauptgewicht legt, den Richtern so vorzuführen, dass sie nicht durch irgend welche Einwände und Gegenreden in ihrer Wirkung wieder abgeschwächt werde. Deshalb schafft Dem. zunächst den Einwurf, den man gegen alle die hier aufgeführten Beweise, auch gegen den in 121—30, vorbringen kann, aus dem Wege, um nicht gezwungen zu sein, nach 130 diesen Einwand zu behandeln, der die Wirkung von 121—30 wieder aufheben oder wenigstens schwächen konnte.

Der Beweis, welchen Dem. 121—30 vorbringt, stützt sich auf die dritte Gesandtschaft des Aesch.; er ist nichts anderes als eine sehr geschickte Schilderung des Benehmens desselben vor und während derselben. Dem. sagt, dass Aesch., um in Athen zu bleiben und etwaige Beschlüsse der Athener gegen Phil. zu hintertreiben, Krankheit vorschützte, dass ein anderer an seine Stelle ernannt, dass Aesch. dann aber, als Phokis eingenommen und seine Anwesenbeit in Athen nicht mehr nöthig war, schnell noch an der Gesandtschaft sich betheiligte. 123 kann als Abschweifung erscheinen: die Erzählung von der Lage der Phoker scheint nicht hierher zu gehören, sondern in den ersten Klagpunkt (vgl. oben). Es dient aber dazu die böswillige Planmässigkeit des Aesch., mit welcher derselbe hier zu Werke geht, in voller Grösse zu schildern, die dadurch um so entsetzlicher wird, als sie so leicht hätte zu Schanden gemacht werden können; zugleich aber auch, um die Behauptung, dass Aesch. in besonderer Absicht in Athen zurückgeblieben, seine Krankheit nur eine simulirte gewesen sei, zu rechtfertigen: Aesch. blieb in Athen, um jede Maassregel, welche die Athener zum Schutz der Phoker etwa ergreifen konnten, sofort zu hintertreiben; als die Uebergabe des Landes an Philipp erfolgt war, war seine Anwesenheit in Athen nicht mehr nöthig. Sehr gut wird der Verzweiflung der Athener die Planmässigkeit im Handeln des Aesch., der rathlosen $\tau\alpha\varrho\alpha\chi\acute{\eta}$ und dem planlosen $\vartheta\acute{o}\varrho\nu\beta o\varsigma$ jener $\acute{o}$ $\sigma o\varphi\grave{o}\varsigma$ $\varkappa\alpha\grave{\iota}$ $\delta\varepsilon\iota\nu\grave{o}\varsigma$ $o\check{v}\tau o\varsigma$ entgegengesetzt.

Aber die Schlechtigkeit des Aesch. bei dieser Angelegenheit wird noch übertroffen durch sein folgendes Benehmen, 128 ff. Während die Athener in Verzweifelung über ihre eigene Lage und die Vernichtung waren, nahm Aesch. Theil am Siegesfeste des Phil. und flehte dabei von den Göttern Vernichtung auf die Feinde Philipps, also auf das eigene Vaterland, herab.

Hiermit ist die Beweisführung des zweiten Theils abgeschlossen. Dem. fasst 131—33 die ganze Beweisführung noch einmal in einer recapitulatio zusammen und knüpft daran, wie beim ersten Theile der Klage, die Aufforderung an die Richter, die volle Schwere des Gesetzes über den Angeklagten walten zu lassen. Ein Unterschied aber in der Behandlung dieses zweiten Theils von der des ersten ergiebt sich darin, dass, während Dem. den ersten Theil nach der $\mathring{\alpha}\nu\alpha\sigma\varkappa\varepsilon\nu\acute{\eta}$ mit der Aufforderung an die Richter, die gebührende Strafe über Aesch. zu verhängen, und mit einer $\mathring{\alpha}\nu\alpha\varkappa\varepsilon\varphi\alpha\lambda\alpha\acute{\iota}\omega\sigma\iota\varsigma$ schliesst, hier diese $\mathring{\alpha}\nu\alpha\varkappa\varepsilon\varphi\alpha\lambda\alpha\acute{\iota}\omega\sigma\iota\varsigma$ zusammen mit jener Aufforderung an die Richter unmittelbar hinter der $\varkappa\alpha\tau\alpha\sigma\varkappa\varepsilon\nu\acute{\eta}$, vor der $\mathring{\alpha}\nu\alpha\varsigma\varkappa\varepsilon\nu\acute{\eta}$ erfolgt; denn das Stück 136—49 enthält die $\mathring{\alpha}\nu\alpha\sigma\varkappa\varepsilon\nu\acute{\eta}$ dieses Theils. Wenn nun aber schon an und für sich eine verschiedene Form der Behandlung des ersten und zweiten Theils nicht nur nicht unpassend, sondern durchaus angebracht ist, so liegt doch auch noch ein besonderer Grund vor, weshalb Dem. unmittelbar nach 130 in den §§ 131—33 seine Ausführung, als wäre sie völlig beendet, abschliesst. Haben wir schon in 120 eine προκατάληψις gefunden, so muss man sich wundern, dass Dem. nun noch einmal 134—49 eine Reihe von προκαταλήψεις beibringen sollte: gab es überhaupt deren gegen jenen Theil der Klage, so konnte unmöglich die eine mitten zwischen den Argumenten stehen, während die andern denselben folgten. Sehen wir uns aber jenen Theil 134—49 etwas näher an, so kann man denselben als eigentliche ἀνασκευή der vorhergehenden confirmatio durchaus nicht bezeichnen. Dem. führt in diesem Stücke aus, dass man sich durch die Verurtheilung des Aesch. den Phil. nicht zum Feinde machen werde. Aber ist dieses ein Einwurf, der gegen die Behauptung, Aesch. sei von Phil. bestochen, erhoben werden konnte? Und war es überhaupt ein Einwurf, der, unparteiischen ehrenhaften Richtern gegenüber, geltend gemacht werden konnte? War Aesch. schuldig, so war gegen ihn das Verdict auf Schuldig unter allen Umständen auszusprechen und durch keine Rücksicht zurückzuhalten. Dem. hebt selbst 134 diesen Gesichtspunkt hervor.

Aber, so müssen wir sagen, wenn auch von ideellem Standpunkte aus eine solche Einrede unstatthaft war, in Wirklichkeit war sie den Athenern gegenüber von grösster Wichtigkeit. Frieden, Ruhe, Bequemlichkeit, das war für die grösste Mehrzahl der Athener der einzige Gesichtspunkt in der Beurtheilung aller Dinge. Und deshalb war die Behandlung dieses Punkts von Seiten des Dem. durchaus nothwendig. Es ist eine ἀνασκευή, die Zurückweisung eines Einwurfs, aber freilich hat dieser Einwurf sehr wenig Beziehung zu der vorhergehenden κατασκευή. Dem. hält äusserlich die Form der Beweisführung fest, indem er der confirmatio die refutatio folgen lässt, aber innerlich ist kein oder nur ein sehr schwacher Zusammenhang zwischen diesen beiden Stücken. Daher auch mit Recht unmittelbar nach der κατασκευή die recapitulatio erfolgt und nicht erst nach der ἀνασκευή.

Man könnte nur noch die Frage aufwerfen, ob dieser Punkt nicht passender an einem andern Orte behandelt wäre, etwa am Schluss der gesammten Beweisführung. Darauf ist zu entgegnen, dass die ganze Art der Behandlung derartig ist, dass ein sehr naher Zusammenhang mit dem im Vorhergehenden Behandelten entsteht. Es ist das kein Widerspruch mit unserer obigen Behauptung, diese ἀνασκευή sei fast ganz ohne Beziehung zur κατασκευή. Weiss

Dem. die Widerlegung jenes Einwurfs so zu behandeln, dass dadurch ein Zusammenhang, eine Beziehung zur κατασκευή entsteht, so beweist das nur die grosse rhetorische Kunst desselben: er verknüpft diesen Theil so geschickt mit dem vorhergehenden, dass den Hörern es als ganz selbstverständlich erscheint, dass derselbe hier und nicht anderswo steht. Diese Verknüpfung der beiden Theile geschieht nun so, dass Dem. den athenischen Gesandten, welche, wie die vorhergehende confirmatio zu erweisen suchte, Gelder von Phil. empfangen und die tiefe Schmach über ihr Vaterland herbeigeführt haben, die thebanischen entgegensetzt, welche keine Gelder empfangen und trotzdem ihre Stadt so mächtig gehoben haben. Es folgt daraus, dass ein Widerstand gegen Phil. und seine Wünsche und Absichten durchaus nicht selbstverständlich den Hass desselben erregt, sondern seine Achtung erwirbt. Die Gesandten Thebens schlugen alle Geschenke aus und die Folge ist, dass ihre Stadt gross und mächtig ist; die Gesandten Athens haben Geschenke bekommen, sie haben in den verwüsteten Gebieten der Bundesgenossen Besitzthümer, Güter erworben; dafür ist aber auch ihr Vaterland aufs tiefste erniedrigt.

Dem. verfährt also, wie schon angedeutet, so zur Widerlegung dieses Einwurfs, dass er, ganz ähnlich seinem Verfahren in der Widerlegung der Aeschineischen $\dot{\epsilon}\gamma\kappa\dot{\omega}\mu\iota\alpha$ $\epsilon\dot{\iota}\varrho\dot{\eta}\nu\eta\varsigma$ 88 ff., den Spiess umkehrt und nachweist, dass nicht das von Aesch. Behauptete, sondern das gerade Gegentheil dessen eintreten werde. Tritt also in der Form der Behandlung der beiden $\lambda\dot{\nu}\sigma\epsilon\iota\varsigma$ eine Uebereinstimmung hervor, so ergiebt sich dieselbe ja, wie schon bemerkt, in noch höherem Grade im Inhalte derselben, indem beide sich auf den Frieden beziehend nachweisen, hier, dass derselbe durch des Aesch. Verurtheilung nicht gestört wird, dort, dass derselbe noch viel segensreicher sich erwiesen hätte, wenn er nicht durch Aesch. verdorben wäre. Man erkennt aber daraus wieder, eine wie hohe Bedeutung gerade dieser Punkt in den Augen des Dem. hatte.

Ganz eng mit 134—46 hängt das Stück 147—49 zusammen und ich kann in demselben nicht eine neue $\pi\varrho o\kappa\alpha\tau\dot{\alpha}\lambda\eta\psi\iota\varsigma$ mit Spengel sehen, sondern betrachte dasselbe als Fortsetzung der ersten. Die Form der 'Anknüpfung $o\dot{v}$ $\tau o\dot{\iota}\nu\nu\nu$ $\vartheta\alpha\nu\mu\dot{\alpha}\sigma\alpha\iota\mu$' $\ddot{\alpha}\nu$, $\epsilon\dot{\iota}$ $\varkappa\alpha\dot{\iota}$ $\tau o\iota o\ddot{\nu}\tau\dot{o}$ $\tau\iota$ $\tau o\lambda\mu\dot{\eta}\sigma\epsilon\iota$ $\lambda\dot{\epsilon}\gamma\epsilon\iota\nu$ beweist nichts dafür, dass hier wirklich etwas völlig verschiedenes beigebracht wird. Jedenfalls aber ist die Characterisirung dieser $\pi\varrho o\kappa\alpha\tau\dot{\alpha}\lambda\eta\psi\iota\varsigma$ von Seiten Spengels dahin, dass Aesch. die Schuld des schlechten Friedens auf die Feldherren schieben werde, nicht richtig. Dem. sagt: *οὐ τοίνυν θαυμάσαιμ' ἄν, εἰ καὶ τοιοῦτό τι τολμήσει λέγειν, ὡς οὐκ ἦν καλή, οὐδ' οἵαν ἠξίουν ἐγὼ τὴν εἰρήνην ποιήσασθαι, κακῶς τῷ πολέμῳ τῶν στρατηγῶν κεχρημένων*. Hier sind die letzten Worte von nebensächlicher Bedeutung, das Hauptgewicht liegt auf den Worten *οἵαν ἠξίουν ἐγώ*. Dem. hat vom Frieden sprechend auseinandergesetzt, dass die Gesandten Güter und Segnungen daraus geschöpft, die Stadt dagegen Verluste und Erniedrigungen betroffen haben. Damit scheint er sich in principiellen Gegensatz gegen den Frieden zu stellen: er muss deshalb erwarten, dass Aesch. sagt: du redest gegen den Frieden und doch hast du dafür gesprochen und gestimmt! Daher hier die Auseinandersetzung, dass die Sachen damals durchaus nicht so lagen, einen Frieden unter Allen Bedingungen zu schliessen, sondern dass die Erreichung eines, wenn auch nicht völlig günstigen, so doch gerechten Friedens möglich war.

Wenn Spengel sich an dem *καὶ* in 134 stösst und daraus schliessen zu dürfen glaubt, dass schon eine *προκατάληψις* vorhergegangen sei, so ist das unbegründet. Dem. hat im Verlauf seiner Rede schon soviele Einwände des Aesch. angeführt, dass es durchaus passend ist, hier durch ein *καὶ* zu allen übrigen einen neuen hinzuzufügen; dass dieses *καὶ* sich auf einen kurz vorhergegangenen beziehen müsse, dafür liegt kein Grund vor.

Ich werfe die 149 fin. stehenden Worte *ἀλλὰ νὴ Δία τοὺς συμμάχους ἀπειρηκέναι φήσει τῷ πολέμῳ* als fremden Zusatz aus, indem ich sie als ursprüngliche Randglosse betrachte, die später in den Text selbst sich eingeschlichen hat. Ich schliesse mich hierin den meisten Herausgebern an; Arn. Schaefer hält sie mit Recht für das Bedenken eines Lesers und meint, sie seien beigeschrieben in Hinblick auf Dem. Ol. 3, 8. S. 36, 27 *ἀπειρηκότων δὲ χρήμασι Φωκέων*. (Dem. u. s. Zeit III, 2. S. 66.)

Dem. hat seine Beweisführung geschlossen: *τὰ δ' ὑμέτερ' οὗτοι πεπράκασιν*: er knüpft an diese Worte beim Beginn der neuen Beweisführung unmittelbar an: *ὅτι γὰρ ταῦθ' οὕτω πέπρακται καὶ ἐκ τῶν ἐπιλοίπων ἔτι μᾶλλον εἴσεσθε*. Dieses *ἐπίλοιπα* ist eben der folgende Punkt, der von 150 an ausgeführt wird. Ganz ähnlich wird 101 mit den Worten *σκοπεῖτε δὴ τὸν ὑπὲρ τούτων ἔλεγχον* —, welche auf das folgende hinweisen, der Uebergang bewerkstelligt.

Spengel bemerkt (a. a. O. 563) hierüber: „Ein förmliches Monstrum, etwas ganz unerhörtes und unmögliches ist, dass der zweiten προκατάληψις die narratio und ἀνακεφαλαίωσις einverleibt wird"; und weiter: „dass eine ausführliche Erzählung und nach Beendigung dieser die Erklärung, alle Anschuldigungen, welche der Redner am Eingange der Rede zu beweisen versprochen habe, seien nun vollkommen bewiesen — dass, sage ich, dieser ganze bedeutende und wichtige Abschnitt § 149—181 einer ganz unbedeutenden προκατάληψις einverleibt erscheint, nach deren Beendigung wieder zu einer neuen προκατάληψις übergegangen wird." Was nun zunächst die διήγησις betrifft, welche 150 ff. erfolgt, so ist sie eben nichts anderes als die confirmatio des dritten Punkts (4: τρίτον δέ, ὧν προςετάξατ' αὐτῷ). Wo meint denn Spengel, dass dieser Punkt erörtert werde? Wenn Dem. in dem ersten bis 60 (resp. 71, wenn man den Excurs mit einrechnet) reichenden Theile der Klage ganz bestimmt, wie er zu wiederholten Malen hervorhebt, über Punkt I und II der partitio spricht (ἅ ἀπήγγειλεν und ἅ ἔπεισεν); wenn er zu diesen beiden sodann 57—60 den Punkt IV (die χρόνοι), soweit derselbe auf Punkt I und II Bezug hat, hinzunimmt, um durchaus richtig die ganze Beweisführung abzuschliessen: οὐκοῦν τοῖς χρόνοις, οἷς ἀπήγγελλον, οἷς ἔγραψον, πᾶσιν ἐξαλέγχονται συνηγωνισμένοι Φιλίππῳ, wo das πᾶσιν nicht etwa auf andere nicht aufgezählte Momente geht, sondern die drei soeben genannten Momente zusammen fasst; wenn Dem. sodann im zweiten Haupttheile der Klage 98 ff. bestimmt ankündigt, dass er von dem Bestochensein des Aesch. sprechen wolle, also von Punkt V (εἰ ἀδωροδοκήτως ἢ μὴ πάντα ταῦτα πέπρακται 4), und diesen Punkt in immer neuen Wendungen durch die ganze Beweisführung hervorhebt, um sowohl 133 beim Schlusse der confirmatio damit zu enden: παρὰ τῶν πωλούντων τὰς πράξεις ἐωνεῖτο (Philipp) — ὅς τὰ ὑμέτερ' οὕτως αἰσχρῶς ἀπέδοτο (Aeschines), als auch nach der refutatio in 149 wieder dasselbe zu betonen: τὰ δ' ὑμέτερ' οὗτοι πεπράκασιν —: so fragt man denn doch billig mit Recht, wo denn nun der dritte Punkt sei: (4 τρίτον δέ, ὧν προςετάξατ' αὐτῷ). Dass dieser Punkt in Form einer διήγησις ausgeführt wird, ist eben so wenig wunderbar, als dass auch Punkt I und II und IV und V so behandelt werden. Denn ist die ganze Beweisführung von I und II etwas anderes als eine διήγησις, eine geschickt zusammengestellte Erzählung des Benehmens des Aesch. in der Zeit nach der Rückkehr von der Gesandtschaft? Und ist selbst die Beweisführung von V (IV kommt ja überhaupt wenig in Betracht) etwas anderes als die διήγησις einzelner Facta, die geeignet sind ein Licht auf das Verhalten des Aesch. zu werfen? Gehen wir zunächst etwas genauer auf den Theil selbst ein, so finden wir, dass Dem. in bestimmtester Weise im Verlaufe dieser διήγησις, welche eben, wie gesagt, nichts anderes ist als die confirmatio, hervorhebt, dass er hier wirklich die Nichterfüllung der Aufträge behandelt, welche den Gesandten von Rath und Volksversammlung zu Theil geworden waren. Diese ganze Auseinandersetzung dient zugleich dazu, sein eigenes Verhalten, im Gegensatz zu dem der andern Gesandten, als correct hervorzuheben. Die §§ 150—162 bilden zunächst eine Einheit. Dem. zeigt, dass die schleunigste Reise nicht bloss nothwendig, sondern durch ein ψήφισμα der βουλή ausdrücklich befohlen war: es war auf Antrag des Dem. selbst durch die βουλή, welche von der ἐκκλησία dazu autorisirt war, gegeben. Statt diesen bestimmten Auftrag zu erfüllen, κύκλῳ ἐπορεύοντο, trotz der Gegenvorstellungen des Dem. 155—57; dass sie ferner auch die andern. Befehle des ψήφισμα während dieser ganzen Zeit nicht ausführten, sondern ganz nach Philipps Willen handelten: 158—60. Nachdem Dem. so ganz im Allgemeinen den Verlauf dieser Gesandtschaft geschildert hat, schliesst er vorläufig 161: ταῦθ' ὅταν ἐξελέγχωνται πάντα — πῶς ἔνεστι — τούτῳ σώζεσθαι. Dass seine Aussagen sämmtlich richtig gewesen, beweist er sodann durch Verlesung des ψήφισμα, durch welches die Gesandten nach ihrer Wahl den Auftrag erhalten hatten, dem Philipp den Eid abzunehmen; ferner durch den Brief des Philipp, in welchem er bestimmt hervorhebt, dass die Gesandten, wenn sie die Aufträge des Staats nicht alle erfüllt hätten, daran durch ihn gehindert seien, die Nichterfüllung der Aufträge also bestimmt erwiesen wird; endlich durch das ψήφισμα des Philokr., welches diesem Briefe gegenüber gestellt wird, in welchem die einzelnen Friedensbestimmungen aufgeführt waren und durch dessen Verlesung die Nichterfüllung derselben klar gestellt wird. Abgeschlossen wird diese Beweisführung sodann noch durch μάρτυρες, welche ohne Frage durch genaue Angabe der Zeit, in welcher Phil. in Thrakien seine Eroberungen machte, beweisen sollen, dass es möglich gewesen wäre, den Phil. ἐν Ἑλλησπόντῳ καταλαβεῖν und speciel durch die μαρτυρία des Eukleides, dem gegenüber Phil. dieses selbst bezeugt hatte. Die Möglichkeit der Ausführung dieser Aufträge wird allerdings gerade mit Rücksicht auf die Zeit von Aesch. 89 ff. bestritten, aber das kommt für das Beweisverfahren des Dem. gar nicht in Betracht.

Zu diesem Stücke sei noch folgende Bemerkung gemacht. In dem ersten Theile der Klage, welcher das ἀπαγγέλλειν und πείθειν also die Zeit nach Rückkehr der Gesandten, behandelt, werden die χρόνοι in einem besondern Stücke 57—60 ausgeführt; in diesem dritten Theile der Klage liegt der Beweis für diesen Punkt, welcher gleichmässig auch hier in Betracht kommen muss, schon mit in der Ausführung selbst enthalten. Dem. weist mehrmals ganz bestimmt darauf hin, dass er diesen Punkt fest im Auge behält: so bei dem γράφειν τὸ ψήφισμα 150; seine ganze Motivirung stützt sich auf die richtige Benutzung der Zeit; dann aber hebt er diesen Punkt ausdrücklich hervor: τρεῖς καὶ εἴκοσιν ἡμέρας ἀνηλώσαμεν ff. und im zweiten Theile dieses Punkts 158: ἀλλὰ νὴ Δί᾽ ἐν τούτῳ τῷ χρόνῳ τοὺς ὅρκους ἔλαβον; ff. Am schlagendsten aber geht dieses daraus hervor, dass Dem. in dem Resumé, welches er von dem bislang behandelten Theile 161 giebt, selbst diesen Punkt, die χρόνοι, ausdrücklich nennt; es heisst: καίτοι ταῦθ᾽ ὅταν ἐξελέγχωνται πάντα, τοὺς χρόνους ἀνηλωκότες, τὰ ἐν Θρᾴκῃ προειμένοι, μηδὲν ὧν ἐψηφίσασθε πεποιηκότες μήδ᾽ ὧν συμφέρον ἦν, τὰ ψευδῆ δεῦρ᾽ ἀπηγγελκότες —: hier werden die χρόνοι zuerst genannt, weil Dem. vor allem auf das von ihm beantragte ψήφισμα Rücksicht nimmt, welches eine schnelle Reise befahl; durch das ἀνηλωκέναι τοὺς χρόνους ist sodann τὰ ἐν Θρᾴκῃ verloren gegangen für Athen, daher dieses als das zweite genannt wird; endlich verallgemeinert Dem. das vorhergehende, welches nur von der Nichterfüllung Eines Auftrags sprach, in μηδὲν ὧν ἐψηφίσασθε πεποιηκότες. Auffallen allein können die letzten Worte ἀπηγγελκότες, worin scheinbar in den ersten Theil zurückgesprungen wird; aber wenn es schon überhaupt in solchen Aufzählungen das Bestreben ist, recht viele Punkte an einander zu reihen, um durch die grosse Zahl derselben gleichsam die Grösse der Schuld auszudrücken, so lag die Erwähnung des ἀπαγγέλλειν hier um so näher, als dasselbe in der That wesentlich mit den gewordenen Aufträgen zusammenhängt: denn es wird mit demselben der Bericht über die Ausführung dieser bezeichnet.

Der vorhergehenden Auseinandersetzung wird, ganz der Demosthenischen Rhetorik entsprechend, die Reise der Gesandten bei der ersten Gesandtschaft entgegengesetzt, um die der zweiten dadurch in eine schärfere Beleuchtung zu bringen.
Sodann geht Dem. zur weitern Schilderung der Gesandtschaft über: hat er im Vorhergehenden von der Hinreise gesprochen, so behandelt er jetzt den Aufenthalt daselbst; daher den Worten 165 τὴν αὐτὴν ὁδόν — ἐπειγόμενοι 166 die Worte ὃν τοίνυν χρόνον ἦμεν ἐκεῖ καὶ καθήμεθ᾽ ἐν Πέλλῃ entgegengesetzt werden. Dem. spricht hier eben so viel von sich selbst, als von Aesch. Zunächst bildet 166—70 wieder ein zusammenhängendes Ganzes: es ist hier von Geschenken die Rede, welche Phil. zum Zweck der Erkaufung den Gesandten gemacht haben soll. Dem. erklärt, dass Phil. durch Geldgeschenke unter der Bezeichnung von ξένια zunächst habe alle Gesandten dahin bringen wollen, etwas aus seiner Hand anzunehmen, weil es dann für den Einzelnen — Dem. zielt hier natürlich auf Aesch. — nicht so gefährlich gewesen sei, noch speciel von Phil. Geschenke anzunehmen und sich erkaufen zu lassen. Dem. habe diese Geschenke zurückgewiesen, die übrigen Gesandten aber haben sie angenommen; Dem. dagegen habe aus eigenen Mitteln mehrere Gefangene losgekauft. Obgleich Dem. zu verschiedenen Malen andeutet, dass die Gesandten und besonders Aesch. sich haben bestechen lassen, so ist doch von einem Beweise dieser Behauptung absolut nicht die Rede. Denn es ist klar, dass die Allen Gesandten ganz öffentlich übersandten ξένια nicht als Erkaufung bezeichnet werden können, wenn sie auch in baarem Gelde bestanden und obgleich Dem. dieses so auffasst. Wies Dem. das Geschenk zurück, so beweist das nur, dass er in dieser Beziehung ein zarteres Gewissen hatte, als die andern. Dass die Gesandten, alle oder einzelne, weitere Geschenke im Geheimen von Phil. erhalten haben, behauptet Dem. nur, beweist es aber nicht.

171—72 befolgt Dem. dieselbe Taktik, die wir schon oben kennen gelernt haben: er schiebt einen wohl begründeten Einwand mitten in die Beweisführung ein, um durch die darauf folgende Fortsetzung derselben den Eindruck jenes abzuschwächen. Dem. hat behauptet, dass ihm das Bestochensein des Aesch. zuerst klar geworden sei kurz vor der Abreise zur zweiten Gesandtschaft. Warum, kann er erwarten wird Aesch. fragen, hast du, wenn dir das Bestochensein der Gesandten bekannt war, wenn du also wissen musstest, dass wir im Gegensatz zu dir auf der Reise im Interesse Phil. handeln würden, die Wahl zur Gesandtschaft überhaupt angenommen? Denn du musstest dir sagen, dass du allein uns gegenüber nichts ausrichten würdest und dass doch die Schuld unsers Handelns mit auf dich fallen würde? Die Beantwortung dieses Einwandes ist sehr schwach und macht einen sehr schlechten Eindruck: Dem. erklärt, er habe nur deshalb an der Gesandtschaft theil genommen, weil er den Gefangenen versprochen habe bei der ersten Gesandtschaft, sie loszukaufen ; wäre das nicht geschehen, so verschwört er sich ($\dot{\varepsilon}\xi\omega\lambda\eta\varsigma$ $\dot{\alpha}\pi o\lambda o i\mu\eta\nu$ $\varkappa\alpha\dot{\iota}$ $\pi\varrho o\omega\lambda\eta\varsigma$), würde er nie daran gedacht haben, an der Gesandtschaft theil zu nehmen. Vgl. hierzu Aristid. $\tau\varepsilon\chi\nu.$ $\dot{\varrho}\eta\tau.$ α' $\pi\varepsilon\varrho\dot{\iota}$ $\delta\varepsilon\iota\nu\acute{o}\tau.$ β' (IX, 390 f.).

173 stellt Dem. sodann noch einmal, das Vorhergehende zusammenfassend, Sein Verhalten dem der übrigen Gesandten entgegen, um 174—77 wieder auf die Schuld des Aesch., die er sich während der Gesandtschaft durch Nichtbefolgung der ihnen gewordenen Aufträge zugezogen, zurückzukommen. Da Dem. hier am Schlusse dieser argumentatio ist, so ist es selbstverständlich, dass er hier, wo es sich um den Antrag auf Bestrafung handelt, nicht mehr von sich selbst spricht, sondern nur von Aesch. Sehr klug setzt er aber diesem den Namen des Philokr. hinzu. Was nun die §§ 174 bis 177 betrifft, in denen Dem. die Schuld des Aesch. noch einmal zusammenfasst und weiter ausführt, so hebt er ganz bestimmt hervor, dass dieselbe in der Nichtbefolgung der ihm gewordenen Aufträge bestehe. So sagt er: $\pi\varrho\tilde{\omega}\tau o\nu$ $\mu\dot{\varepsilon}\nu$ $\tau o i\nu\nu\nu$ $\Phi\omega\varkappa\dot{\varepsilon}\alpha\varsigma$ $\dot{\varepsilon}\varkappa$-$\sigma\pi\acute{o}\nu\delta o\nu\varsigma$ $\varkappa\alpha\dot{\iota}$ $\dot{A}\lambda\dot{\varepsilon}\alpha\varsigma$ $\dot{\alpha}\pi\dot{\varepsilon}\varphi\eta\nu\alpha\nu$ $\varkappa\alpha\dot{\iota}$ $K\varepsilon\varrho\sigma o\beta\lambda\dot{\varepsilon}\pi\tau\eta\nu$ und setzt hinzu: $\pi\alpha\varrho\dot{\alpha}$ $\tau\dot{o}$ $\psi\dot{\eta}\varphi\iota\sigma\mu\alpha$ $\varkappa\alpha\dot{\iota}$ $\tau\dot{\alpha}$ $\pi\varrho\dot{o}\varsigma$ $\dot{\upsilon}\mu\tilde{\alpha}\varsigma$ $\varepsilon\dot{\iota}\varrho\eta\mu\dot{\varepsilon}\nu\alpha.$ Sodann: $\varepsilon\dot{\iota}\tau\alpha$ $\tau\dot{o}$ $\psi\dot{\eta}\varphi\iota\sigma\mu'$ $\dot{\varepsilon}\pi\varepsilon\chi\varepsilon\dot{\iota}\varrho\eta\sigma\alpha\nu$ $\varkappa\iota\nu\varepsilon\tilde{\iota}\nu$ $\varkappa\alpha\dot{\iota}$ $\mu\varepsilon\tau\alpha\dot{\iota}\varrho\varepsilon\iota\nu,$ $\dot{\varepsilon}\varphi'$ $\tilde{\omega}$ $\pi\varrho\varepsilon\sigma\beta\varepsilon\dot{\upsilon}o\nu\tau\varepsilon\varsigma$ $\ddot{\eta}\varkappa o\mu\varepsilon\nu$: hier liegt schon in dem $\varkappa\iota\nu\varepsilon\tilde{\iota}\nu$ $\varkappa\alpha\dot{\iota}$ $\mu\varepsilon\tau\alpha\dot{\iota}\varrho\varepsilon\iota\nu,$ dass dasselbe in einer Verletzung der gewordenen Aufträge besteht. Sodann: $\varepsilon\dot{\iota}\tau\alpha$ $K\alpha\varrho\delta\iota\alpha\nu o\dot{\upsilon}\varsigma$ $\Phi\iota\lambda\dot{\iota}\pi\pi\omega$ $\sigma\upsilon\mu\mu\dot{\alpha}\chi o\iota\varsigma$ $\dot{\varepsilon}\nu\dot{\varepsilon}\gamma\varrho\alpha\psi\alpha\nu$: die Kardianer waren also ursprünglich nicht als Bundesgenossen des Phil. aufgezeichnet gewesen, die Gesandten fügten sich aber in diesem Zugeständniss dem Willen Philipps und handelten also gegen die Aufträge.

Schon hier verfährt Dem. sophistisch, indem er Dinge, die ganz ohne Zweifel durch den Drang der Umstände gezwungen dem Phil. nachgegeben waren, als freiwillig von den Gesandten zugestanden, weil durch Bestechung erkauft, darstellt. Weiter aber noch tritt dieses im Folgenden hervor: Dem. hebt hervor, die Gesandten hätten seinen Brief, den er an die Athener aufgesetzt, nicht abgeschickt, sondern einen andern geschrieben: ohne Zweifel hatte Dem. in seinem Schreiben die Lage der Dinge schwärzer dargestellt als die übrigen Gesandten thaten; daraus aber kann man weder einen Schluss auf Bestechung ziehen, noch hängt dieses mit den ihnen gewordenen Aufträgen zusammen; ausserdem scheint kein Grund vorhanden zu sein, weshalb Dem. nicht, trotzdem die andern Gesandten einen andern Brief schrieben, den seinigen doch abschickte: man darf schliessen, dass Dem. bei der Berathung über Absendung eines Briefs nach Athen seine Meinung zuletzt der der übrigen Gesandten untergeordnet hat. Auch die fernerhin angeführten Einzelheiten stehen nicht mehr mit den Aufträgen in Zusammenhang: Dem. benutzt aber diese Gelegenheit, aus dem Aufenthalte in Makedonien Einzelnes, was besonders geeignet ist, ein gehässiges und verdächtigendes Licht auf Aesch. zu werfen, herauszugreifen und anzuführen.

Hiermit ist der Beweis des dritten Klagpunktes, der Nichterfüllung der Aufträge, beendet: 170—77 bildet die dritte κατασκευή. Wenn auf diese keine ἀνασκευή folgt, so hat das eben darin seinen Grund, dass zu einer solchen überhaupt kein Stoff vorhanden war. Einzelnes hat Dem. schon im Verlaufe der κατασκευή selbst mit eingestreut; eine wirkliche ἀνασκευή, die Ausführung bestimmter προκαταλήψεις, ist nicht vorhanden. Ist doch selbst die confirmatio nichts anderes, als eine geschickte Zusammenstellung einzelner Momente aus der Zeit der Gesandtschaft, unter denen nur das erste, das Zögern auf der Hinreise, entgegen dem bestimmten ψήφισμα, von wirklichem Gewichte ist.

Mit vollstem Rechte also kann Dem. jetzt 178 seine Aufgabe als im Wesentlichen vollendet ansehen und daher ist hier die ἀνακεφαλαίωσις durchaus an ihrem Platze: sämmtliche 5 Punkte der partitio sind behandelt. Auch Hermogen. π. τῶν στασ. 3, 26 (III, 26) und Doxopatr. ὁμιλ. εἰς Ἄφθον. 7 (II, 379) fassen 178 ff. als ἀνακεφαλαίωσις. Vgl. dazu Syrian. und Marcellin. in σχόλ. εἰς στάσ. IV, 425. 412 f. Anonym. σχόλ. εἰς στάσ. 17, 74 (VII, 334). Gregor Corinth. εἰς τὸ περὶ μεθ. δεινότ. 12, 14 (VII, 1224 ff). Apsin. τεχν. ῥητ. περὶ προοιμ. IX, 532. Wir müssen dieses Capitel genau ansehen, denn schon aus der recapitulatio selbst ersieht

man, dass die Auffassung der Rede, wie ich sie im Vorstehenden zu
begründen gesucht habe, eine berechtigte ist. Dem. beginnt: συλλο-
γίσασθαι δὴ βούλομαι τὰ κατηγορημέν' ἀπ' ἀρχῆς, ἵνα, ὅσ'
ὑμῖν ὑπεσχόμην ἀρχόμενος τοῦ λόγου (4), δείξω πεποιηκώς.
Dem. erklärt also bestimmt, dass er sich genau an die im Eingange
der Rede gegebene partitio gehalten und dieselbe jetzt durchgeführt
habe. Ἐπέδειξ' οὐδὲν ἀληθὲς ἀπηγγελκότα, ἀλλὰ ςενακίσανθ'
ὑμᾶς, μάρτυσι τοῖς γεγενημένοις αὐτοῖς, οὐ λόγοις χρώμενος:
es bezieht sich dieses auf den Punkt I, welcher 17—28 ausgeführt
ist. ἐπέδειξ' αἴτιον γεγενημένον τοῦ μὴ θέλειν ὑμᾶς ἀκούειν
ἐμοῦ τἀληθῆ ταῖς ὑποσχέσεσιν καὶ τοῖς ἐπαγγέλμασιν τοῖς
τούτου καταληφθέντας τότε, πάντα τἀναντία συμβουλεύσαντα
ἢ ἔδει καὶ τῇ μὲν τῶν συμμάχων ἀντειπόντ' εἰρήνῃ τῇ δὲ
Φιλοκράτους συναγορεύσαντα: es geht dieses auf Punkt II, § 29 ff.
Man könnte es auffallend finden, dass hier das Resultat des πείθειν,
die Vernichtung der Phoker, welches in der Ausführung selbst eine
so grosse Rolle spielt, nicht erwähnt wird; aber zu den obigen Worten gehören eng die weiteren τοὺς χρόνους κατατρίψαντα, ἵνα
μηδ' εἰ βούλοισθε δύναισθ' ἐξελθεῖν εἰς Φωκέας hinzu: das
τοὺς χρόνους κατατρίψαντα geht auf 57—61 und es wird hier
also durchaus richtig Punkt II und IV zusammen genannt, deren
gemeinsames Resaltat die Vernichtung der Phoker ist. Nur ist zu
bemerken, dass Dem., nach der Erwähnung der χρόνοι hier, nicht
später denselben Punkt noch einmal bei Punkt III hervorhebt, obgleich er auch hier in Betracht kommt: die einmalige Erwähnung
des τοὺς χρόνους ἀνηλωκέναι genügt ihm. Dem. fährt fort:
καὶ (ἐπέδειξ' αὐτὸν) ἀλλ' ἐπὶ τῆς ἀποδημίας πολλὰ καὶ δειν'
εἰργασμένον, προδεδωκότα πάντα, πεπρακότα, δῶρ' ἔχοντα,
οὐδὲν ἐλλελοιπότα μοχθηρίας. In diesen Worten sind die beiden letzten Haupttheile der Klage, Punkt V und III gemeint. Zunächst ist zu bemerken, dass Dem. die Reihenfolge derselben um-
dreht: während er in Wirklichkeit zuerst Punkt V in 98—149, sodann III in 150—177 behandelt hat, zählt er hier zuerst III, sodann
V auf. Der Grund hierfür liegt darin, dass durch das Bestochensein, Punkt V, die gesammte Klage erst ihre richtige Substanziirung
erhält, weshalb auch in der Partitio dieser Punkt mit Recht an den
Schluss gesetzt wird. Weshalb aber Dem. in Wirklichkeit diesen
Punkt nicht am Schlusse, sondern in der Mitte behandelt, wird uns
weiter unten klar werden. Die Worte also ἀλλ' ἐπὶ τῆς ἀποδημίας

πολλὰ καὶ δεὶν' εἰργασμένον enthalten Punkt III, die Nichterfüllung der Aufträge. Dass Dem. hier nicht dieselben Worte gebraucht, welche die partitio giebt, also etwa, wie Voemel erwartet, μηδὲν ὦν προςετάξασθ' ὑμεῖς ποιήσαντα, hat durchaus nichts auffallendes: Dem. gebraucht den obigen Ausdruck dem wirklichen Sachverhalte gemäss, weil er 150 — 77 nicht bloss von den Aufträgen gesprochen, sondern in allgemeinerer Weise auf das ganze Verhalten des Aeschines während der Reise eingegangen ist. Mit vollstem Rechte schliesst also Dem. ῭seine Aufzählung mit den Worten: οὐκοῦν ταῦθ' ὑπεσχόμην ἐν ἀρχῇ, ταῦτ' ἐπέδειξα.

In welchem Stücke Spengel die Ausführung des Punktes III sieht, deren Erwähnung hier in der ἀνακεφαλαίωσις er doch für nothwendig hält und deshalb, da er in den Worten ἄλλα etc. dasselbe nicht erkennt, die Worte μηδὲν ὦν ἐψηφίσασθε πεποιηκότα oder ähnliche eingeschoben wissen will, kann ich nicht erkennen. Ueberhaupt nimmt Spengel gar keine Rücksicht auf die partitio und ihre Theile und doch kann keine Rede sich genauer und mit ausdrücklicherer steter Betonung an die partitio binden. Vielleicht hat sich Spengel und Voemel durch das ἄλλα ff. verführen lassen, hierin nicht den besondern Punkt III der partitio, sondern überhaupt nur eine weitere Ausführung des Vorhergehenden zu erkennen. Man könnte nämlich sich versucht fühlen so zu übersetzen, dass, mit Betonung des voranstehenden ἄλλα, in diesem Satze zu den übrigen Thatsachen, welche im Vorhergehenden aufgezählt, dieses als weitere ähnlichen Inhalts hinzugefügt würde. Sehen wir uns aber die vorhergehenden Sätze an, so bezeichnen dieselben durchaus verschiedenes: beide, oder mit Hinzunahme des τοὺς χρόνους κατατρίψαντα ff. alle drei, beziehen sich ganz augenscheinlich auf die Zeit nach Rückkehr der Gesandten; wenn nun hinzugefügt wird καὶ ἀλλ' ἐπὶ τῆς ἀποδημίας πολλὰ καὶ δεὶν' εἰργασμένον, so ist klar, dass hier bestimmt durch ἐπὶ τῆς ἀποδημίας eine ganz andere Zeit berücksichtigt wird; es ist also das ἀλλ' nicht etwa das vorhergehende abschliessend und verallgemeinernd, sondern eine neue, eine Andere Schuld einführend. Es ist also zu übersetzen: ausser den im Vorhergehenden aufgeführten Schandthaten hat er noch andere begangen und zwar auf der Gesandtschaft selbst, während die vorhin erwähnten in späterer Zeit stattfanden.

Nach der Recapitulation 178 f. hebt Dem. 179—81, die fünffach gliederte Klage ihrem Wesen nach noch einmal kurz zusammenfassend, die Schuld des Aesch. hervor und verbindet damit die Aufforderung an die Richter, die gebührende Strafe zu verhängen. Er zeigt, dass die Schuld des Angeklagten sich in zwei Momenten concentrire, der Preisgebung von Phokis (als wesentlicher Inhalt von § 17—97) und der Thrakiens (Inhalt von 134—77): eine Berücksichtigung sodann des mittleren Theiles 98—133 liegt in dem Worte προδέδωκε (οὐ μόνον Φωκέας ἀλλὰ καὶ Θρᾴκην). Dass die Vernichtung der Phoker ein durch die ganze Klage sich hindurchziehender Hauptpunkt sei, erkannten auch Syrian. und Sopat. (in σχόλ. εἰς στάσ. IV, 364 f.). Vgl. Anonym. σχόλ. εἰς στάσ. 18, 19. (VII, 374). Eine kurze scharfe Hervorhebung der hohen Wichtigkeit jener beiden τόποι für Athen, damit also auch der Grösse der Schuld des Aesch., dient sachgemäss dazu, die Richter zur Verhängung der vollen Strafe zu bewegen.

Was aber den Umstand betrifft, dass Dem., entgegengesetzt der Partitio, Punkt V vor Punkt III behandelt, überhaupt sich nicht an die Zeit haltend das ἀπαγγέλλειν und πείθειν von der Gesandtschaft selbst giebt, so, glaube ich, ist hier der passendste Platz, meine Ansicht darüber kurz auszusprechen. Ich stimme mit Dionys. Halic. Rhet. VIII, 5 (pag. 287 ff. ed. Reiske) überein, welcher sagt: ἄλλα προτείνων (Δημοσθένης) ἄλλα κατασκευάζει, δι᾽ ὅλου τοῦ βιβλίου διοικούμενος διοίκησίν τινα τοιαύτην. κεφάλαιά ἐστιν ἅπερ ἀσθενῆ ὄντα τῷ Δημοσθένει ἐὰν ἀπ᾽ αὐτῶν προτείνηται ἐλέγχεται. ταῦτα ἵνα πιθανὰ ποιήσῃ ἕτερα μὲν προτείνει λαβών δὲ τὸν ἀκροατὴν προςέχοντα τοῖς προταθεῖσι συμπλέκει τὰς πίστεις τῶν ἀσθενῶν τοῖς προτεινομένοις. Wir müssen bei Prüfung der Rede stets festhalten, dass sie περὶ παραπρεσβείας ist, d. h. dass es sich, wie wir noch weiter unten genauer sehen werden, um die Rechenschaftsablage über die Gesandtschaft handelt. Dem. nimmt mehr einen ideellen als einen gesetzlich formell berechtigten Standpunkt ein, wenn er Punkte mit in die Klage hereinzieht, die genau genommen nicht dahin gehören: so kann man selbst Punkt II im Grunde nicht mehr als unter die πρεσβεία gehörend auffassen. Denn sobald der Gesandte seinen Bericht abgelegt hat (I), kann Niemand ihm verwehren, als Privatmann Rathschläge zu geben, Vorschläge zu machen, welche er will: und eben hierin besteht das πείθειν. Indem aber Dem. das πείθειν in engste Verbindung mit dem ἀπαγγέλλειν setzt, erreicht er seinen Zweck, dass die Richter auch jenes als noch unter die

Amtsführung des πρεσβευτής fallend ansehen. So gelingt es dem Dem., die Schuld des Aesch., die in dem ἀπαγγέλλειν nur in sehr geringem Maasse hervortritt, durch die Erfolge des πείθειν, welche eben in der Vernichtung der Phoker bestanden, in der Ueberzeugung der Richter zu erhöhen. Aber, wie bemerkt, das πείθειν gehörte im Grunde nicht mehr zur πρεσβεία. Sodann geht Dem. zum Punkt V über: wir haben schon oben gesehen, dass er auch hier über blosse probabilia nicht hinauskommt. Aber sämmtliches hier angeführte ist schon aus dem Grunde nicht hierhergehörig, weil es sich mit Thatsachen einer viel spätern Zeit beschäftigt: was ging die Theilnahme an des Philipp Siegesfest die πρεσβεία an? So drängt sich uns die auffallende Ueberzeugung auf, dass Dem. bis 149 im Grunde Nichts zur Sache gehöriges vorbringt und doch durch ein äusserst geschicktes Manoeuvriren die Richter, so weit es möglich, zum Glauben an des Aesch. Schuld bringt, so dass, als er nun die eigentliche Klage, die Behandlung der πρεσβεία selbst 150 beginnt, die Ueberzeugung von des Aesch. Verrath schon zum grossen Theile feststeht. Nur Punkt III. der aber in Wirklichkeit in der Ausführung zum letzten Punkte wird, darf den Richtern eigentlich in Betracht kommen, denn nur die Zeit der Gesandtschaft selbst und allerdings auch das ἀπαγγέλλειν nach der Rückkehr sind die Momente, welche für die Beurtheilung des Verhaltens eines πρεσβευτής in Frage kommen. Aber gerade weil die πρεσβεία selbst so äusserst dürftige gravirende Punkte enthielt, verschob Dem. die Behandlung derselben zuletzt, um die Richter zunächst durch andere Punkte, welche weiter ablagen, durch Dem. Kunstfertigkeit aber als wesentlich mit hereingezogen wurden, gehörig vorzubereiten.

Dionys. führt sodann an einem Beispiele das „ἄλλα προτείνων αλλα κατασκευάζει" des Dem. aus und wir müssen auch hier die feine Beurtheilung des Dionys. als völlig berechtigt anerkennen. Dem. muss seinen Standpunkt ängstlich dahin festhalten, dass er seine Klage nur auf die Zeit der zweiten Gesandtschaft richtet: weshalb? weil er selbst die erste Gesandtschaft — also dieselben Männer, welche auch die zweite Gesandtschaft an Phil. übernahmen — öffentlicher Ehrenbezeugungen von Staatswegen theilhaftig gemacht hatte. Damit erhält seine ganze Anklage etwas Schiefes: mit vollstem Rechte wirft ihm Aesch. vor, dass ja nach des Dem. eigenem Urtheile das eigentliche Unrecht, d. i. die Bestechung, auf der ersten Gesandtschaft geschehen sein müsse, da schon vor Abgang der zweiten

Gesandtschaft nach Makedonien das Auftreten des Aesch. für den Frieden und zwar im Sinne des Philokr., also im Interesse Philipps, stattgefunden habe. So ist des Aesch. Wort, Dem. klage die zweite Gesandtschaft an und meine die erste, die er doch selbst gelobt, völlig begründet. Wir erkennen aber hierin, wie eben ausgeführt, den Grund, weshalb Dem. den Haupttheil seiner Klage, ja dasjenige, auf welchem dieselbe allein formell begründet war, soweit sie überhaupt begründet werden konnte, an das Ende der ganzen Beweisführung setzt. Soll ich meine persönliche Meinung über die Begründung der Klage von Seiten des Dem., d. h. über die behandelte Schuld des Aesch. aussprechen, — denn über persönliche Meinung kann man in dieser Frage kaum hinüberkommen — so geht dieselbe dahin, dass Aesch. allerdings sich hat bestechen lassen. Aber des Dem. Standpunkt wird dadurch ein unglücklicher, dass er selbst in Bezug auf Philipp erst spät zur Klarheit der Ueberzeugung gekommen war, was man überhaupt wohl mehr oder weniger von Allen Athenern behaupten darf. Des Aesch. Vertheidigung wird erleichtert, indem er in Bezug auf Philipp sich auf die allgemeine Vertrauensseligkeit in Athen berufen kann, welche fast bis auf Chaeronea daselbst herrschte. Weil Dem. wirklich der allgemeinen Ueberzeugung von Philipps lautern Absichten sich noch auf der ersten Gesandtschaft hingegeben hatte, so durfte er diese Zeit nicht mit in seine Klage hereinziehen, besonders da er selbst auf öffentliche Belobung der Gesandtschaft angetragen hatte: die zweite Gesandtschaft aber bot äusserst wenige Momente zur bestimmten Anklage, denn des Aesch. und Dionys. Behauptung ist durchaus richtig, dass nach Billigung des Friedens in der von Philokrates vorgeschlagenen Form die Gesandtschaft selbst eben nur die Ausführung dieses Beschlusses zu besorgen hatte; jener Frieden selbst aber, den Aesch. allerdings befürwortet hatte, war ohne Schuld für diesen, einmal weil er auf einem formellen Volksbeschlusse beruhte, sodann weil er vor der zweiten Gesandtschaft liegt. Das einzige Moment von allen aus der Zeit der Gesandtschaft selbst angeführten, welches von einiger, aber gleichfalls nur schwacher Bedeutung ist, ist das Zögern der Gesandtschaft auf der Hinreise. Die Annahme der $\xi\acute{\epsilon}\nu\iota\alpha$, von der Aesch. 39 als von etwas selbstverständlichem spricht, ist völlig bedeutungslos. Vgl. M. Schmidt de Dem. et Aesch. oratt. de f. l. Inaug. Diss. Bonn 1851. S. 19 ff.

Nach der bisherigen Auseinandersetzung glaube ich behaupten zu dürfen, dass die Rede des Dem. in ihrem bisher betrachteten Verlaufe durchaus nichts enthält, was nicht im vollsten Maasse allen rhetorischen Anforderungen entspricht. Es ist eine genaue durch stete ausdrückliche Hervorhebung immer wieder von Neuem kenntlich gemachte Ausführung der in der partitio gegebenen fünf Punkte, die, weil Punkt I und II wesentlich zusammenhängen, Punkt IV ferner ein über die Zeit aller Punkte gemeinsam sich ausdehnendes Moment ist, in drei Argumentationen ausgeführt werden: 17—97; 98—133; 134—177. Das einzige was wir als Interpolation auszuwerfen gezwungen gewesen sind, sind die Worte 149 $\dot{α}λλ\dot{α}$ $ν\dot{η}$ $Δία$ $τοῖς$ $συμμάχοις$ $ἀπειρηκέναι$ $φήσει$ $τῷ$ $πολέμῳ$.

Mit 181 müssen wir die ganze Ausführung der Klage als abgeschlossen ansehen. Es folgt in 182—191 ein Stück, in welchem noch scheinbar $προκαταλήψεις$ enthalten sind. Ist das zulässig, nachdem die Klage mit 181 nach unserer Auffassung abgeschlossen ist? Sehen wir uns die Einreden an, welche Dem. hier widerlegt, so erkennen wir, dass dieselben nicht auf einen einzelnen Punkt der Klage sich beziehen, sondern Einwände sind, welche im Allgemeinen gegen die Zulässigkeit der Klage in formeller und materieller Hinsicht erhoben werden können. Das Stück zerfällt wesentlich in zwei Theile 182—86 und 188—91. In jenem wird der Einwand widerlegt, dass er von allen Rednern allein über Worte (auf $λόγων$ liegt der Ton) Rechenschaft ablegen soll. Auf den ersten Blick kann dieses in Widerspruch stehend erscheinen mit der Klage überhaupt, die doch viele bestimmte Thatsachen anführt. Aber dieser erwartete Einwurf des Aesch. ist von seinem Standpunkte aus völlig berechtigt. Aesch. muss antworten: Alles, was Dem. mir vorwirft, besteht im Reden, im Aussprechen von Wünschen, Ansichten, die ich gehabt, von Rathschlägen, die ich in gutem Glauben ertheilt: eine positive Schuld hat Dem. mir nicht im Geringsten nachgewiesen. Kann ich über meine Worte und Meinungen, die ich mit tausend andern getheilt habe, Rechenschaft ablegen? Dem. führt aber aus, dass hier ein ganz anderer Fall vorliegt. Zunächst erklärt er, dass Alle zur Rechenschaft gezogen würden, $εἴπερ$ $ἐπ'$ $ἀργυρίῳ$ $τι$ $λέγοιεν$. Aber auch diesen Gesichtspunkt ganz bei Seite gelassen: es ist etwas anderes, wenn ein $ἰδιώτης$ redet und Rathschläge ertheilt, oder wenn dieses von einem $πρεσβευτής$ geschieht, der in officiellem Auftrage der Stadt handelt. Der Gesandte kann eben von nichts anderem Rechenschaft ablegen, als von Worten und Zeiten: Kriegsschiffe, Heere und dgl. hat er nicht in Händen. Und wird er also nun überführt, die λόγοι absichtlich falsch gesagt, die χρόνοι in böser Absicht vernichtet zu haben: ἁλισκέσθω. Man erkennt leicht, dass die Vorbringung dieser Aeschineischen ἔνστασις und ihre Widerlegung eben so nothwendig ist, wie der Ort ihrer Einführung passend. Denn diese objectio bezieht sich nicht auf einen einzelnen Theil der Klage, sondern auf die Gesammtklage: wird sie als berechtigt anerkannt, so fällt damit die Klage überhaupt zusammen. Und ebenso verhält es sich mit der Einrede 188—91, nur dass dieses Stück einen formellen Einwurf gegen die Gültigkeit der Klage vorbringt, während die ἔνστασις 182 ff. eine materielle ist. Aesch. erklärt es als unzulässig, dass ein Gesandter gegen einen Mitgesandten eine Klage erhebe in Bezug auf Punkte, deren er selbst mitschuldig erscheine. Nur im Vorbeigehen verwahrt sich Dem. dagegen, dass die Erhebung der Klage von seiner Seite für eine niedrige Gehässigkeit zeuge; er erklärt, er müsse so handeln, um sich von aller Schuld, die aus der Gemeinschaft mit den Gesandten auf ihn fallen könnte, zu reinigen. Er weist an bestimmten Beispielen nach, dass dieser Fall seine volle Berechtigung habe. Wir sehen auch hier, dass diese προκατάληψις nirgends anders stehen kann, als hier allein: denn der in ihr widerlegte Einwurf steht wieder nicht in Beziehung zu irgend einem einzelnen Klagpunkte, sondern bestreitet die Gültigkeit der ganzen Klage, kann also auch nur nach Darlegung dieser in ihrer Gesammtheit aufgeführt werden.

Haben wir 150—77 als dritte κατασκευή nachgewiesen, so können wir 182—91 als dritte ἀνασκευή bezeichnen, nicht aber in der Weise, dass diese letztere in irgend einer inneren Beziehung zu jener stände. Schon in Bezug auf die zweite ἀνασκευή erkannten wir, dass Dem. nur ganz äusserlich die rhetorische Forderung der κατασκευή die ἀνασκευή folgen zu lassen, erfüllt, dass diese nur in losem innerm Zusammenhange mit der vorhergehenden κατασκευή stehe. Auch hier also lässt Dem. der κατασκευή, der allerdings zunächst 178—81 die ἀνακεφαλαίωσις der ganzen argumentatio gefolgt ist, eine ἀνασκευή folgen: aber sie gehört der Gesammtklage, nicht speciel dem dritten Klagpunkte an.

Hierbei nehme ich mit mehreren Gelehrten an, dass § 187 nicht von Demosthenes herrührt. Für die Frage nach der Composition der Gesammtrede ist die Entscheidung, ob 187 Demosthenisch oder nicht ist, allerdings von untergeordneter Bedeutung; aber ein Blick auf den Inhalt des vorhergehenden und folgenden Einwurfs wird Jeden sofort davon überzeugen, dass der Inhalt des § 187 hier völlig ungehörig ist. Dazu kommt der völlig zerstückelte Charakter der Rede. Ἔστι τοίνυν τις πρόχειρος λόγος πᾶσι τοῖς ἐξαπατᾶν ὑμᾶς βουλομένοις ,,οἱ ταράττοντες τὴν πόλιν, οἱ διακωλύοντες Φίλιππον εὖ ποιῆσαι τὴν πόλιν." Dem. führt hier also einen Einwurf seiner Gegner an, welche sich auf die Redlichkeit des Philipp berufen, dessen Absichten in Betreff der der Stadt zu erweisenden Wohlthaten durch seine Gegner in Athen verhindert werden. Da man doch verlangen kann, dass dieser Einwurf nicht ganz im allgemeinen auf Philipp sich beziehe, sondern mit der Klage selbst in Zusammenhang stehe, so muss man in diesen Worten die Ansicht des Aesch. ausgesprochen sehen, dass die Verheissungen, welche er bei seiner Rückkehr von der zweiten Gesandtschaft im Namen Philipps gemacht, völlig ernstlich gemeint gewesen seien, dass Philipp aber an ihrer Ausführung durch seine politischen Gegner (οἱ ταράττοντες τὴν πόλιν, οἱ διακωλύοντες Φίλιππον εὖ ποιῆσαι τὴν πόλιν) gehindert sei. Ich sehe nicht ein, wie es möglich sei, auf einen solchen Einwurf zu gerathen. Mit demselben nahm Aesch. den Standpunkt ein, den Beweis der Wahrheit seiner einstigen Versprechungen antreten zu müssen. Er musste nachweisen, dass das, was er damals im Namen Philipps versprochen hatte, eingetreten wäre, wenn es nicht durch Dem. und andere Feinde des Königs verhindert wäre. Ein solcher Versuch von Seiten des Aesch. wäre geradezu ungeheuer gewesen und eine Vorbeugung von Seiten des Dem. deshalb albern. Hätte Aesch. diesen Standpunkt eingenommen, so wäre Alles, was Aesch. jetzt vorbringt und was Dem. bestimmt erwartet, dass er es vorbringen werde, völlig unangebracht gewesen, das Eine würde das Andere völlig ausschliessen. Und nun sehe man, wie der Vf. dieses § den Einwurf zu entkräften sucht: πρὸς οὓς ἐγὼ λόγον μὲν οὐδέν' ἐρῶ, τὰς δ' ἐπιστολὰς ὑμῖν ἀναγνώσομαι τὰς τοῦ Φιλίππου, καὶ τοὺς καιροὺς ἐφ' ὧν ἕκαστ' ἐξηπάτησθε, ὑπομνήσω, ἵν' εἰδῆτε, ὅτι τὸ ψυχρὸν τοῦτ' ὄνομα, τὸ ἄχρι κόρου, παρελήλυθ' ἐκεῖνος φενακίζων ὑμᾶς. Ohne Zweifel will der Vf. sagen, der Ausdruck, Philipp sei der Wohlthäter der Stadt, passe nicht, wie man aus seinen Briefen ersehen könne, wenn man die Verheissungen in denselben mit den Zeiten vergleiche, in denen die Athener getäuscht seien. Hier hat der Vf. 38 ff. im Auge. Dort verliest Dem. zwei Briefe des Philipp, deren erster den Athenern Verheissungen macht 38 ff., deren zweiter aber 40 f. von keinen Verheissungen mehr weiss. Zwischen beiden Briefen liegt nemlich die Erreichung seiner Zwecke in Phokis. Aber eine Widerlegung jenes Einwurfs ist dieses durchaus nicht: wenn man sich einmal auf den Standpunkt stellen wollte, Philipp habe wirklich der Stadt hohe Wohlthaten erweisen wollen, so konnte und musste man auch den Schritt weiter gehen, zu behaupten, zwischen den ersten und zweiten Brief seien eben die Hindernisse gefallen, welche die Ausführung der im ersten Briefe gemachten Verheissungen vernichtet hätten. Weder der Einwand selbst also, noch die Widerlegung desselben ist irgendwie angebracht. Der Vf. hat den erstern erfunden, die letztere glücklich in den Ausführungen des Dem. selbst 38 ff. zu entdecken geglaubt; wahrscheinlich aber ist er durch diese überhaupt erst auf die Abfassung des ganzen Stücks gebracht. Vgl. hierüber aber noch weiter unten.

Schon 9 hatte Dem. nach Anführung der eigentlichen Klagmomente hinzugefügt: πολλὰ δὲ καὶ δεινὰ κατηγορεῖν ἔχων ἔτι πρὸς τούτοις ἕτερα, ὦ ἄνδρες Ἀθηναῖοι, ἐξ ὧν οὐκ ἔσθ᾽ ὅστις ἂν οὐκ εἰκότως μισήσειεν αὐτόν. Schon hier hat er also darauf hingewiesen, dass er noch nach der Klage Weiteres anführen wolle, was in keiner Beziehung zu dieser selbst stehe. 191 am Schlusse der Klage weist er durch Hinzufügung der Worte (οἱ ἀδικοῦντες δηλονότι τὰς ὅλης γε τῆς πατρίδος, ὥςπερ σύ,) οὐ μόνον τὰς ἰδίας auf den nun folgenden zweiten Theil der Rede, die ἐπιλογικά τινα, hin. Bestimmter noch wird dieses 192 gesagt: μικρὸν ἀκούσατέ μου ἔξω τι τῆς πρεσβείας ταύτης, um zu erweisen ὅτι — καὶ τῶν ἰδίᾳ καὶ πάντων οὗτοι φαυλότατοι καὶ πονηρότατοι γεγόνασιν. Zum Uebergang ist das Stück 192–98 jedenfalls sehr passend: es bringt einen Gegenstand zur Sprache, der allerdings nicht zur Klage selbst gehört, aber insofern doch mit ihr zusammenhängt, als er in die Zeit der Gesandtschaft fällt. Getreu seiner Sitte, einen Gegenstand durch einen Gegensatz zu heben in seiner Bedeutung, führt Dem. zunächst das edle Benehmen des Satyros aus, um daran das Verhalten des Aesch. einer Olynthischen Frau gegenüber zu schildern. Damit ist Dem. überhaupt auf das Privatleben des Aesch. eingegangen, welches 199 ff. noch näher characterisirt wird. 199 hängt aufs augenscheinlichste mit 198 zusammen: τοιαῦτα συνειδὼς αυτῷ πεπραγμένα ὁ ἀκάθαρτος οὗτος (dieses Wort gebraucht Dem. in Anknüpfung an die Worte 198: ἡ παροινία τοῦ καθάρματος τουτουὶ δεινή) wird Aesch. von seinem Leben reden, auf welches Dem. nun ohne weiteres eingeht.

Wenn die im Vorstehenden ausgeführte Gliederung der Rede richtig ist, wenn also mit 191 die Klage selbst abgeschlossen ist, mit 192 die ἐπιλογικά begonnen haben, so kann das mit 201 beginnende Stück nicht an seinem richtigen Platze stehen, d. h. es muss ursprünglich eine andere Stelle eingenommen haben, oder es muss nicht von der Hand des Dem. herrühren. Es sind die bestimmtesten Gründe vorhanden, um dieses Stück als undemosthenisch, als Interpolation zu bezeichnen. Es wird in diesem Stücke 201—33, an welches sich 234—36 eng anschliesst, ein Einwurf des Aesch. widerlegt, dass Dem. an Allem, was er und die übrigen Gesandten gethan, theil genommen, mit ihnen einverstanden gewesen sei, um plötzlich umzuschlagen und nun einen principiellen Gegensatz von Anfang an zu heucheln. Auch Spengel fasst das Stück 201—33 als Einheit: es ist also entweder ganz auszuwerfen oder ganz aufrecht zu erhalten; prüfen wir daher die Gründe, welche uns bewegen können, dieses Stück als Interpolation zu bezeichnen.

Zunächst ist ein sehr wichtiges handschriftliches Moment zu verzeichnen. Cod. Σ hat an dieser Stelle die merkwürdige Randbemerkung: ζ᾽ ἄπωθεν λείπει ἡμᾶς ἕως τοῦ ὁμοίον σημείον. Vgl. Voemel Dem. Contt. 1857. Prolegg. pag. 227. Es findet sich nun aber erstens das erwähnte gleiche Zeichen nicht und zweitens fehlt auch nichts in der Handschrift. Es liegen aber die folgenden Schlüsse aus dieser Bemerkung des Cod. nahe. Zunächst bietet sich die Annahme dar, dass die erwähnte Lücke sich in derjenigen Handschrift vorfand, welcher der Schreiber des Cod. Σ ausschliesslich oder vorzugsweise folgte; das Fehlen eines Stücks in irgend einer andern Handschrift dieser Demosthenischen Rede, welches der Schreiber etwa zufällig bemerkt hatte, konnte ihn zu dieser Notiz nicht veranlassen. Die ganze Fassung derselben λείπει ἡμᾶς weist darauf hin, dass der Schreiber sich im Lesen und Copiren Seiner Handschrift unterbrochen sah.

Zweitens dürfen wir aus dem Umstande, dass Cod. Σ, trotzdem der Schreiber desselben bestimmt sagt, das folgende Stück finde sich nicht in dem ihm vorliegenden Cod., es dennoch hat, den Schluss ziehen, dass dem Schreiber von Σ noch andere, oder wenigstens eine andere Handschrift vorlag, welche diese Rede des Dem. enthielt. Das Fehlen dieses Stücks in dem Archetypus von Σ kann beruhen auf einem äussern Mangel der Handschr., dem Fehlen eines oder mehrerer Blätter u. dgl. Es ist das aber sehr unwahrscheinlich. Zunächst weil es nicht wahrscheinlich ist, dass diese Lücke gerade mit einem Absatze, wie wir ihn nach 200 haben, zusammengetroffen sein sollte; sodann weil wir den $\mathit{\dot{\alpha}\varrho\chi\acute{\epsilon}\iota\upsilon\pi o\varsigma}$ des Cod. Σ als eine ausgezeichnete, gut erhaltene, sehr sauber und schön geschriebene Hdschr. ansehen dürfen, eben weil seine Abschr. selbst diese Vorzüge hat. Wenn jener Cod. an fehlenden, zerrissenen Blättern u. dgl. laborirt hätte, so dürfen wir annehmen, dass der Schreiber von Σ es vorgezogen haben würde, einer andern Hdschr. zu folgen, die er, nach seiner Randbemerkung zu schliessen, besass. Ich glaube deshalb annehmen zu dürfen, dass das im Archetypos des Σ Fehlende nicht auf verloren gegangene, zerrissene Blätter und ähnliche äussere Mängel zurückzuführen ist, sondern auf eine äusserlich gar nicht wahrzunehmende Lücke, deren Existenz sich überhaupt erst durch Vergleichung mit einer andern Handschr. herausstellte. Man dürfte auch erwarten, dass der Schreiber eine äusserlich bemerkbare Lücke anders gekennzeichnet hätte, als durch die obigen Worte $\lambda\epsilon\acute{\iota}\pi\epsilon\iota\ \dot{\eta}\mu\tilde{\alpha}\varsigma$.

Wir finden nun $\tau\dot{o}\ \dot{o}\mu o\tilde{\iota}o\nu\ \sigma\eta\mu\epsilon\tilde{\iota}o\nu$ nicht mehr in unserer Hdschr. Zunächst liegt zur Erklärung dieses Umstandes die Annahme nahe, dass der Schreiber des Cod. Σ das Zeichen zu wiederholen vergessen hat; möglich ist auch, dass es sich noch in der Hdschr. findet und nur, weil verwischt, übersehen worden ist: ein undeutliches $\mathcal{Z}$ kann leicht als Fleck aufgefasst und als gleichgültig unbeachtet gelassen werden. Aber, wird man sagen, da die Herausgeber, welche die Handschr. eingesehen haben, durch die Bemerkung selbst auf dieses Zeichen aufmerksam geworden sind, so muss man annehmen, dass sie sich nach dem ihm entsprechenden in der Hdschr. umgesehen haben; Voemel sagt ausdrücklich, das Zeichen finde sich nicht. Aus den Worten Voemels aber geht hervor, dass er dieses angeblich fehlende Stück nur als in wenigen Sätzen bestehend betrachtet habe. Nach meiner Ansicht müsste dieses Zeichen, wenn es überhaupt vorhanden, hinter 233 oder hinter 236 stehen: nach einem so langen Zwischenraum konnte das Zeichen, wenn es ziemlich verwischt war, sich leicht dem Auge entziehen. Hat der Schreiber das Zeichen aber wirklich vergessen, so ist ein solches Vergessen eher nach einem längeren Zwischenraume, als nach einem kürzeren, etwa nur wenige Sätze umfassenden, erklärlich. Ueberhaupt, glaube ich, würde der Schreiber in diesem letzteren Falle das Ende des Fehlenden durch Anführung der Schlussworte bezeichnet haben, nicht durch dieses Zeichen.

Aber es liegt noch eine andere Möglichkeit zur Erklärung der Weglassung des entsprechenden Zeichens vor. Wir brauchen nicht anzunehmen, dass diejenige Handschrift, welcher der Schreiber von Σ folgt, die Lücke hatte, sondern dass dieselbe auf eine noch ältere Hdschr. zurückzuführen ist. Bezeichnen wir die vorauszusetzende Reihe der Handschriften, aus denen als letztes Glied der Cod. Σ hervorgegangen ist, durch ... $A^2 - A^1 - A - \Sigma$, so kann schon der Schreiber von A in A^1 die Lücke vorgefunden haben, die er einerseits aus einer andern Hdschr. ergänzte, anderseits durch Hinzufügung jener Randbemerkung ⸖ ἄπωθεν λείπει ἡμᾶς und des entsprechenden Zeichens an der Stelle, wo die Lücke ihr Ende erreichte, kenntlich machte. Der Schreiber von Σ, der sich ängstlich genau an seine Vorlage hält, nahm die Randbemerkung einfach in seine Hdschr. herüber. Ein solches Verfahren von Seiten unsers Schreibers hat durchaus nichts unwahrscheinliches, während es anderseits auch wieder sehr leicht erklärlich ist, dass er das entsprechende Zeichen zu setzen vergass oder das verwischte übersah. So hat derselbe Schreiber z. B. in der Rede de cor. im Anfang von § 3, von § 5 den Beginn des zweiten und dritten προοίμιον am Rande bemerkt, während er die Anfänge der folgenden προοίμια, die cod. Laur S ebenso wie jene ersteren notirt, ignorirt.

Man kann als Bestätigung dieser Annahme, dass der Schreiber von Σ schon in seiner Vorlage nur die Randbemerkungen, nicht mehr die Lücke selbst vorfand, anführen, dass der von Ferdin. Schultz (vgl. das Progr. des Friedrich-Gymnas. in Berlin 1860) zuerst für Phil. III. verglichene und für die Demosthenische Kritik als äusserst wichtig erkannte Cod. Laur S (Voem.), der nachher von Voemel auch für die Reden de cor., de falsa leg. und c. Lept. verglichen ist, und der unzweifelhaft mit Σ aus Einer Quelle stammt, jene Randbemerkung des Cod. Σ nicht hat. Der Schreiber von

Laur S, der mit voller Sicherheit als ein viel selbstständiger verfahrender Mann erkannt wird, als der von Σ, hat, wenn er zwar die Randbemerkung, nicht aber die Lücke selbst mehr vorfand, einfach jene unbeachtet gelassen, weil sie keinen Werth, keinen Sinn zu haben schien.

Obgleich hierdurch das Gewicht der Annahme zu wachsen scheint, dass schon der Schreiber einer ältern Handschr., also von A oder A^1, die Randbemerkung gemacht und zugleich die Lücke ergänzt habe, so bleibt die Möglichkeit der andern Erklärung, dass in A noch die Lücke vorhanden war, die der Schreiber von Σ und der von Laur S jeder selbständig ergänzte, gleichfalls daneben durchaus aufrecht. Denn zunächst ist es in Bezug auf die Hdschr. Laur S durchaus nicht unwahrscheinlich, dass zwischen ihr und A noch Mittelglieder zu statuiren sind: denn jene stammt aus dem 14. höchstens 13. Jahrh., während A wenigstens ins 9. Jahrh. zurückgeht und der Text in Laur S ein unmittelbares Hervorgehen aus dem von A durchaus nicht als selbstverständlich erscheinen lässt, sodass ein Verhältniss von A .. Laur S^1 — Laur S nicht unwahrscheinlich wird: dadurch würde das Fehlen der Randbemerkung in Laur S leicht erklärlich, weil eben der Schreiber von Laur S oder Laur S^1 mit Recht glaubte die Randbemerkung weglassen zu müssen, weil sie einen Unsinn anzugeben schien, indem das in ihr Bemerkte durchaus nicht dem wirklichen Sachverhalte entsprach.

Die Hdschr. des cod. Laur S ist, wie schon bemerkt, viel selbständiger geschrieben, als Σ; und besonders ist es die Rede περὶ παραπρ., in welcher sie durch ihr starkes Hinneigen zum Text der Vulg. zeigt, dass sie selbständig nach zwei Hdschr. geschrieben oder eigentlich bearbeitet ist, deren eine auf A zurückgeht, deren andere aber einer wesentlich verschiedenen Familie angehört. Fand also der Schreiber von Laur S — wenn wir annehmen, dass Laur S unmittelbar aus A stammt — in A die Lücke, so konnte er, bei der selbständigen Behandlung des Textes seiner Vorlage von seiner Seite, sehr wohl dieselbe einfach als Fehler der Hdschr. ansehen und stillschweigend aus seinem andern cod. ergänzen, während der Schreiber von Σ pedantischer und unmittelbarer, critikloser an die ihm vorliegende Hdschr. sich haltend, sie anmerkte.

Man sieht, es sind der Möglichkeiten mehrere zur Erklärung jener Randbemerkung und es ist unmöglich, sich für eine bestimmte zu entscheiden. Jedenfalls aber dürfen wir aus ihr den Schluss ziehen, dass wenigstens der dem Schreiber von Σ vorliegende Cod., vielleicht aber ein noch älterer, eine mit 201 beginnende Lücke hatte und da unter allen Umständen diese Hdschr. und alle derselben Familie in aufsteigender Linie von ausgezeichneter Güte angenommen werden müssen, so ist die Annahme, es sei hier durch einen äussern Mangel, oder durch Nachlässigkeit des Schreibers u. dgl. eine fehlerhafte Lücke in der Hdschr. entstanden, zu verwerfen und damit das schwerste Bedenken gegen das ganze inhaltlich unverkennbar eine Einheit bildende Stück 201—36 erhoben.

Ich habe schon oben darauf hingewiesen, dass die Stellung dieses Stücks den ganzen Zusammenhang, den ganzen rhetorischen Bau der Rede aufs augenscheinlichste zerstört. Sehen wir uns aber 200 und 237 an, so findet sich ein so enger Zusammenhang zwischen diesen beiden Punkten, dass dadurch aufs evidenteste die Interpolation von 201—36 bestätigt wird. 200 heisst es: καὶ τοιαῦτα συνειδὼς αὑτῷ πεπραγμέν' ὁ ἀκάθαρτος οὗτος τολμήσει βλέπειν εἰς ὑμᾶς καὶ τὸν βεβιωμένον αὐτῷ βίον αὐτίκα δὴ μάλ' ἐρεῖ λαμπρᾷ τῇ φωνῇ. Und nun wird sein Privatleben geschildert. Daran knüpft sich 237 fast mit Nothwendigkeit an: ἴσως τοίνυν ἀδελφός αὐτῷ συνερεῖ (entsprechend dem ἐρεῖ 200). Dem. spricht von den Familienverhältnissen des Aesch.; es ist selbstverständlich, dass er dieselben im Zusammenhange behandelt und nicht 200 damit anfängt, um dann während 36 Paragraphen völlig andere Dinge einzuschieben und endlich das Unterbrochene abzuschliessen. An keinem andern Punkte spricht Dem. von dem Privatleben des Aesch., als 199 f. und 237—40. Man beachte ferner den ganzen Ton der Rede 199 f. und 237 ff. Dort: οὐκ ἴσασιν οὗτοι τὸ μὲν ἐξ ἀρχῆς τὰς βίβλους ἀναγιγνώσκοντα σε τῇ μητρὶ τελούσῃ καὶ παῖδ' ὄντ' ἐν θιάσοις καὶ μεθύουσιν ἀνθρώποις καλινδούμενον etc.; hier: σὲ μὲν τὰς ἀλαβαστοθήκας γράφοντα καὶ τὰ τύμπανα —. Dort: μετὰ ταῦτα δὲ ταῖς ἀρχαῖς ὑπογραμματεύοντα —; hier: σὲ μὲν — τούτους δ' ὑπογραμματέας: hier werden offenbar alle drei Brüder genannt, von denen der eine durch τὰς ἀλαβαστοθήκας γράφων καὶ τὰ τύμπανα, die andern beiden durch ὑπογραμματεῖς characterisirt werden: unter diesen letzteren beiden ist Aesch., vgl. 200 ὑπογραμματεύων. Kann der Zusammenhang von 200 und 237 klarer sein? Dem. hat im Vorhergehenden 201—36 mehr von sich als von Aesch. gesprochen; wie sollte er darauf kommen, jetzt, ohne auch nur den Namen des Aesch. zu nennen, von Verhältnissen zu sprechen, welche sich unmittelbar an 200 anknüpfen und stillschweigend immer jenes vor 36 Paragraphen Ausgeführte voraussetzen. 238 wird fortgefahren: an und für sich habt ihr keinen Anspruch auf Bevorzugung; wenn aber dazu einer von euch $ἠδίκηκε$ $ταῦτα$ $τοιαῦτα$, $πόσῳ$ $μᾶλλον$ $ἂν$ $μισοῖσθε$ $δικαίως$ $καὶ$ $σώζοισθε$; das vorhergehende hat aber von einem $ἀδικεῖν$ und noch dazu $ταῦτα$ $τοιαῦτα$ nicht gesprochen; wohl aber bezieht es sich sehr gut auf das vor 199 ausgeführte und 199 in den Worten $καὶ$ $τοιαῦτα$ $συνειδὼς$ $αὐτῷ$ $πεπραγμένα$ zusammengefasste. Ferner: 199 heisst es $ἐρεῖ$ $λαμπρᾷ$ $τῇ$ $φωνῇ$; es ist das keineswegs ein Lob, welches Dem. dem Aesch. ertheilt, wie man wohl angenommen hat, sondern es bezeichnet die scharfe, laute Stimme, die so häufig das Zeichen innerer Rohheit und Frechheit ist; dem entspricht 239 $μεγαλόφωνοι$ $καὶ$ $ἀναιδεῖς$ $ὄντες$: die Brüder werden in dem ganzen Stücke gemeinsam behandelt und dem entsprechend auch die 199 zunächst speciel von Aesch. ausgesagte Eigenschaft allen diesen gleichmässig hier beigelegt. Dem. fügt 200 nach den Worten $οὗτος$ $ἄλλον$ $ἔκρινε$ $παρ'$ $ὑμῖν$ $ἐπὶ$ $πορνείᾳ$ hinzu: $ἀλλὰ$ $μήπω$ $ταῦτα$ $ἀλλὰ$ $τὰς$ $μαρτυρίας$ $μοι$ $λέγε$ $πρῶτον$ $ταυτασί$. Er giebt damit zu verstehen, dass er die Behandlung dieses letzteren Punktes $ἄλλον$ $ἔκρινε$ — $ἐπὶ$ $πορνείᾳ$ auf eine nur kurze Zeit noch hinausschiebt: ist es denkbar, dass er, statt denselben nun zu behandeln, in 201 bis 236 grundverschiedene Dinge einführt, um erst 240 zu jenem Punkte überzugehen? Allerdings geht er nach Verlesung der $μαρτυρίαι$ 237 gleichfalls nicht unmittelbar zu dem $ἄλλον$ $κρίνειν$ $ἐπὶ$ $πορνείᾳ$ über, aber das findet seine völlig genügende Erklärung darin, dass die §§ 237—40 nur den einmal angefangenen Gegenstand abschliessen: sobald dieses geschehen, wird sofort auf den durch die obigen Worte vorbereiteten Punkt übergegangen 240: $ὃς$ $γὰρ$ $ᾠήθης$ $χρῆναι$ $τὸν$ $φανερόν$ $τι$ $ποιῆσαι$ $βουληθέντα$ $τῶν$ $σοὶ$ $πεπρεσβευμένων$ $τηλικαύτῃ$ $καὶ$ $τοιαύτῃ$ $συμφορᾷ$ $περιβαλεῖν$, $δῆλον$ $ὅτι$ $δεινὸν$ $ἄν$ $τι$ $παθεῖν$ $σαυτὸν$ $ἤλπιζες$, $εἰ$ $πύθοινθ'$ $οὗτοι$ $τὰ$ $πεπραγμένα$ $σοι$. Und nun folgen sämmtliche auf den Process des Timarch. bezüglichen Stellen.

Wir müssen uns nach einem Grunde umsehen, weshalb das Stück 201 ff. später, wie wir glauben, und zwar an dieser Stelle eingefügt ist. Betrachten wir dasselbe genau, so finden wir merkwürdiger Weise, dass es mit demselben Gedanken beginnt und schliesst, wie das Stück 188—200. Dem. behandelt 188 ff. den Einwand, dass er als συμπρεσβευς die Klage erhebe, was nicht nur gehässig, sondern auch unstatthaft sei; Dem. bemerkt nur kurz, dass er dieses thue, um nicht δοκεῖν κοινωνεῖν ὑμῖν: in kurzen schlagenden Worten weist er jede Gemeinschaft mit den übrigen Gesandten zurück und sagt 189: ἐγὼ δ᾽ οὐδὲ συμπεπρεσβευκέναι φημί σοι —· ἀλλὰ Φιλοκράτης σοι συμπεπρέσβευκεν κακείνῳ σύ καὶ Φρύνων.
Der Vf. des Stücks 201 ff. hat ohne Zweifel geglaubt, dass der von Dem. dort nur sehr leicht berührte Einwand zu gewichtig sei, um nicht einer längern Auseinandersetzung zu bedürfen: dieser Einwurf, Dem. habe ja an Allem Strafbaren theil genommen, was auf der Gesandtschaft geschehen sei, und es falle daher die gleiche Schuld auf jenen zurück, wird hier 201 ff. anscheinend gründlich widerlegt. Aber der Vf. sah nicht, dass ein solcher Einwand gar nicht ausdrücklich erhoben werden konnte von Aesch. Erhob er ihn, so gestand er seine eigene Schuld ein, die dadurch nicht geringer wurde, dass Dem. Theilhaber dieser Schuld war. Der Vf. sieht das rein formelle Bedenken, welches Dem. 188 ff. anregt und mit wenigen Sätzen beseitigt, als materiellen Einwurf an und behandelt ihn ausführlich. Der ganze Einwurf also ist unsinnig und der Vf. bezeichnet ihn selbst als ἐγγυτάτω μανίας: das hätte ihn aber abhalten sollen, ihn überhaupt einzuführen. Ἔστι, heisst es gleichfalls völlig richtig, ὑπὲρ μὲν τῶν πεπραγμένων οὔτε δικαία οὔτε προσήκουσ᾽ ἡ τοιαύτη ἀπολογία, ἐμοῦ μέντοι τις κατηγορία — τὰ δὲ πράγματ᾽ οὐδὲν βελτίω διὰ τοῦτο: ganz dasselbe konnte der Vf. jenes Stücks sich sagen, zog auch Aesch. in Erwägung und führte deshalb diese Einrede gar nicht an, die daher als völlig unstatthaft sich erweist. Beginnt Dem. 189 οὕτω τοίνυν αἰσχρὰ καὶ πολλὰ καὶ πάντα καθ᾽ ὑμῶν πεπρεσβευκὼς περιιὼν λέγει —, so entspricht dem 201 τοσούτων τοίνυν καὶ τοιούτων ὄντων, ὧν ἀδικῶν ὑμᾶς ἐξελήλεγκται —. 189 heisst es: Φιλοκράτης σοι συμπεπρέσβευκεν κακείνῳ σύ, καὶ Φρύνων. Unser Vf. benutzt die Hervorhebung dieser beiden, sich weitläuftiger über dieselben zu ergehen.

4*

Ich halte das Stück 201—33 für ein rhetorisches Machwerk, bestimmt, das nach des Vf. Ansicht nicht genügend behandelte Stück 188—200 zu ersetzen. Allerdings geht der mit 188 beginnende Gedankencomplex schon 198 zu Ende; da aber die nach 200 eingeführte μαρτυρία sich noch auf jenes Stück bezog, so konnte vor 200 fin. kein Abschluss gemacht werden. Unser Vf. behandelt also den 188—91 kurz behandelten Gedanken des συμπεπρεσβευκέναι in anderer Weise, aber so, dass derselbe dadurch eine wesentliche Alterirung erleidet, 201—28, benutzt aber diese Gelegenheit um noch einige geringere Bedenken, die ihm aufstossen, 221 f. zu erledigen. Die Geschichte mit der olynthischen Frau lässt der Vf. ganz weg, weil er ohne Zweifel dieselbe durch Aesch. widerlegt glaubte, und schliesst 229—33, indem er die von Dem. 189 als die eigentlichen Mitgesandten des Aesch. angegebenen Philokrates und Phrynon einer eingehenderen Schilderung unterzieht. Dem. schliesst das Stück 200 mit dem Gedanken: ποῖον οὖν ἐρεῖς βίον, ὃν οὐ βεβίωκας, ἐπεὶ ὅ γε βεβιωμένος σοι τοιοῦτος φαίνεται; ἀλλὰ δὴ τὰ τῆς ἐξουσίας· οὗτος ἄλλον ἔκρινε παρ' ὑμῖν ἐπὶ πορνείᾳ, und diesem entsprechen die Worte 233 genau: — ἰταμώτερον τῷ μετὰ ταῦτ' ἐχρήσατο βίῳ· τοῦτον ὡς πεπορνευμένον κέκρικεν. Hatte der Vf. sein Stück dazu bestimmt, es an Stelle von 188—200 der Rede des Dem. einzufügen, so musste er natürlich den Anfang und Schluss seiner Ausführung dem Anfang und Schluss des Demosthenischen Stücks im Gedanken anpassen, weil der Anfang sich naturgemäss an den Schluss des Vorhergehenden anknüpfen, der Schluss aber eben so naturgemäss zum Folgenden überleiten musste.

Cod. Σ bietet innerhalb des von mir für interpolirt gehaltenen Stücks zwei sehr auffällige Fehler dar. 213 folgt nach den Worten ὡς τοίνυν ταῦτ' ἀληθῆ λέγω κάλει μοι τούτων τοὺς μάρτυρας der titul. Μάρτυρες, obgleich die μαρτυρία in Wirklichkeit erst nach 214 auftritt. Und ebenso steht nach den Worten κάλει μοι τούτων τοὺς μάρτυρας der Titel Μάρτυρες, obgleich wieder erst nach 236 die μαρτυρία in Wirklichkeit erscheint. Diese Fehler, denn als solche muss man sie bezeichnen, theilt der Cod. Σ mit allen andern Hdschr.; sie sind aber bei jenem sehr auffallend. Wenn aber, wie wir aus der Randbem. ἄπωθεν λείπει ἡμᾶς geschlossen haben, der Schreiber des Cod. Σ in diesem Stücke einer andern Hdschr. folgt, so würden jene Fehler auf Rechnung dieser Hdschr.

kommen, die sich also schon hierdurch als dem eigentlichen
ἀρχέτυπος von Σ nachstehend characterisiren würde. Aber ich
stehe nicht an, selbst in diesem Stücke (201—33 resp. 36) wieder
andere Interpolationen auszuscheiden, welche später demselben eingefügt worden sind. Wenn jener Fehler der zweimal geschriebenen
Μάρτυρες oder Μαρτυρία nur einmal vorkäme, so könnte man
sich bei der Annahme eines Versehens begnügen; das zweimalige
Vorkommen desselben Fehlers muss stutzig machen und zwingt uns
zu bedenken, ob nicht eine andere Erklärung dieses Umstandes
möglich oder wahrscheinlich ist. Wir finden nun, dass die zwischen
die Μάρτυρες und die Μαρτυρία eingeschobenen beiden Stücke
etwas völlig verschiedenes, weder mit dem Vorhergehenden noch
Nachfolgenden irgendwie zusammenhängendes, haben. Es sind
προκαταλήψεις, die hier eingeführt sind, die aber beide sich als
so albern erweisen, dass ich anstehe, sie demselben Vf. zuzuschie-
ben, der den grössern Theil der Interpolation 201 ff. geschrieben
hat und der immerhin als nicht ganz ungeschickt bezeichnet werden
muss. Auf das Einzelne dieser §§ 213 f. und 234—36 werde ich
unten noch zurückkommen; hier erkläre ich nur das doppelte Vorkommen von Μάρτυρες und Μαρτυρία folgendermaassen. Der
Vf. dieser Interpolationen wollte die Einwände und ihre Widerlegun-
gen, welche wir 213 f. und 234—36 lesen, einfügen. Es ist gleichgültig, ob er die Hdschr. der Rede in der Gestalt schon vorfand, dass
das Stück 201 ff. (excl. 213 f. und 234—36) der Rede selbst eingefügt war und den Anspruch, für demosthenisch zu gelten, erhob,
oder ob er das Stück als Interpolation kannte, die er nun durch
Einfügung dieser neuen προκαταλήψεις noch in ihrem Werthe zu
erhöhen glaubte. Das wahrscheinlichere ist mir, dass er das Stück
201 ff. als Interpolation kannte; ich nehme an, dass die Rede ursprünglich sich in der Hdschr. eines mit rhetorischen Studien sich
beschäftigenden Mannes, vielleicht einer rhetorischen Schule, befand
und zu rhetorischen Zwecken und Uebungen benutzt wurde; so
durch Einfügung des Stücks 201 ff. verändert, ging sie aus einer
Hand in die andere. So hat denn anscheinend ein Späterer jene
beiden kleineren Einschiebsel 213 f. und 234—36 dem grösseren
Stücke noch ein- resp. angefügt. Dabei musste sich ihm aber eine
grosse Schwierigkeit eröffnen, eine richtige Stelle für sein Machwerk
zu finden; denn die ganze Ausführung 201—12; 15—34 schreitet
so zusammenhängend fort, dass es fast unmöglich war, etwas ande-

res einzufügen. Der Vf. benutzt die durch die *Μάρτυρες* bewirkte Pause. Wie auch Dem. selbst mitunter nach Anführung einer Thatsache auf das dieselbe bewahrheitende Zeugniss schon hinweist, obgleich er dieses selbst erst später beibringt, so z. B. 188 schliesst: *ἃ νῦν μαρτυρεῖν αὐτὸν ἀναγκάσω*, obgleich erst 200 fin. diese *μαρτυρίαι* erscheinen; so fasst auch unser Vf. das *κάλει μοι τούτων τοὺς μάρτυρας* als blosse Ankündigung des Zeugnisses, streicht deshalb das unmittelbar folgende *Μάρτυρες*, um nach Einschiebung seiner *προκατάληψις* erst nach 214 die *μαρτυρία* wirklich anzuführen mit den Worten *λέγε τὴν μαρτυρίαν*. Dieses Stück also 213 *ἀλλὰ μὴν* ff. bis 214 *λέγε τὴν μαρτυρίαν*. *Μαρτυρία* sollte nach Streichung des titul. *Μάρτυρες* init. 213 hinter die Worte *κάλει μοι τούτων τοὺς μάρτυρας* eingeschoben werden: es ist dieses nicht vollständig ausgeführt, indem das *Μάρτυρες* stehen geblieben ist, wahrscheinlich weil hier wieder durch Vergleichung mehrerer Hdschr., deren eine die Interpolat. 213 f. hatte, die andere nicht, das *Μάρτυρες* dieser stehen blieb und jene mit ihrer *Μαρτυρία* nun noch hinzukam.

Aehnlich verhält es sich mit der Interpolation 234—36, die gleichfalls eine *προκατάληψις* enthält, wenn möglich noch sinnloser als die 213 f.; vgl. unten. Ohne Zweifel gehen beide auf denselben Vf. zurück. Der Rhetor, welcher das Stück 201—12; 15—33 ausgearbeitet hatte, führte 233 init. durch dieselben Worte, welche er auch 213 init. gebraucht, *κάλει μοι τούτων τοὺς μάρτυρας* seine *Μάρτυρες* ein: mit Recht folgt daher in allen Hdschr. diesen Worten der Titel *Μάρτυρες*, worauf er nach wenigen Worten seine ganze Ausführung abschliesst. Der spätere Rhetor, der Vf. von 234—36, glaubte wieder hier einen passenden Platz zu entdecken, um eine neue *προκατάληψις* einzufügen. Aber er verfährt hier etwas anders als oben: er streicht den Titel *Μάρτυρες*, indem er die Worte *κάλει* ff. wieder als blosse Ankündigung des später erst auftretenden Zeugnisses gelten lässt; da aber die folgenden Worte der Ausführung, welche dieselbe abschliessen, ihm zu genau mit dem Vorhergehenden in Verbindung zu stehen scheinen, als dass er seine völlig fremde *προκατάληψις* dazwischen schieben könnte, so lässt er nach Streichung des titul. *Μάρτυρες* die Ausführung erst zu Ende gehen, um daran sein eigenes Machwerk anzuknüpfen und endlich durch die Worte *λέγε τὴν μαρτυρίαν* mit folgendem *Μαρτυρία* das 233 gestrichene *Μάρτυρες* wieder aufzunehmen. Auch hier sind in unsern Hdschr. beide Titel erhalten geblieben, wodurch das Ganze sinnlos wird.

Fand der Schreiber von Σ in derjenigen Hdschr., welche er zur Ausfüllung der in dem eigentlichen ἀρχέτυπος von Σ entdeckten Lücke benutzte, das Stück 201—36 schon in der Gestalt vor, wie er es uns giebt — und das ist sehr wahrscheinlich — so dürfen wir diese Hdschr. als eine äusserst entstellte, sehr interpolirte bezeichnen. Jedenfalls geht sie auf eine einst in den Händen eines oder mehrerer folgenden Rhetoren befindliche Urhandschr. zurück, welche, unsere Demosthenische Rede enthaltend, zu rhetorischen Zwecken vielfach benutzt war. Nur so lassen sich diese einander folgenden Interpolatt. erklären. Diese Hdschr. aber, auf welche wir zurückzuschliessen berechtigt sind, ist die Grundlage wohl aller übrigen Hdschriften gewesen, ausser Σ und Laur S (oder Laur S [1]...); aber auch diese letzteren beiden Hdschr. haben jenen Cod. — freilich wohl nur in einem seiner Abkömmlinge — benutzt, um die vermeintlich fehlerhafte Lücke Ihrer Urschrift auszufüllen. Jene Hdschr. aber, welche die Interpolation erfahren hat, muss gleichfalls in zwei Exemplaren wenigstens existirt haben, deren eins nur das grössere und ältere Einschiebsel 201—12, 215—33 enthielt, deren zweites ausser diesem auch die jüngern Interpolationen 213 f. 234 ff. hatte: denn nur durch eine Vergleichung jener beiden Exemplare selbst oder in ihren spätern Abschriften kann das doppelte Μάρτυρες und Μαρτυρία erklärt werden.

Ich bin also der Ansicht, dass ein Rhetor das Stück 201—12; 15—33 ausarbeitete, weil er glaubte, der 188 ausgeführte Gedanke genüge nicht; er wollte sein Stück an Stelle des 188—200 setzen. Ein späterer Scribent hat sodann 213 f. und 234—36 in jenes Stück noch nachträglich eingefügt.

So fällt aber noch ein neues Licht auf den verdächtigen § 187 Hatte unser Vf. das Stück 201—36 dazu bestimmt, an Stelle von 188—200 zu treten, so war 186 — wenn wir 187 gleichfalls für interpolirt ansehen — der Schluss des Vorhergehenden. So war es möglich diesem, da unser Vf. überhaupt von hier an eine Umgestaltung des folgenden Theiles beabsichtigte, in 187 noch etwas Anderes anzufügen, welches ihm gleichfalls der Erwähnung werth schien. So wird die Athetese dieses Paragraphen sehr erleichtert und 187 schliesst sich entweder dem Stücke 200 ff. unmittelbar an oder ist später von demselben oder einem späteren Vf. hinzugefügt, der die durch die beabsichtigte Auswerfung von 189—200 entstandene Lücke zur Einfügung dieser *προκατάληψις* benutzen wollte. Ich lasse aber diesen Paragraphen im Folgenden unberücksichtigt, da er im Ganzen für die Gesamtcomposition der Rede von untergeordneter Bedeutung ist und das handschriftlich gestützte Bedenken zunächst und ausschliesslich sich nur gegen 200 ff. richtet. Wenn das Stück 201—36 undemosthenisch ist, so darf man erwarten, dass es auch in Gedanken und Sprache diesen Character der Unechtheit zur Schau trägt. Ich werde im Folgenden versuchen, die Spuren fremder Bearbeitung nachzuweisen, bemerke aber, dass es nicht auffällig ist, wenn die fremde Hand nicht in so grober Weise sich sofort verräth, dass überhaupt kein Zweifel übrig bleiben kann. Die Rhetoren, welche Jahr aus Jahr ein mit den Reden, ganz besonders des Dem., sich beschäftigten, mussten allmälig sich so sehr in des Dem. Stil und Redeweise einleben, dass sie wirklich im Stande waren, eine gewisse Aehnlichkeit mit ihm in ihren Machwerken zu erzielen. Die Reden der Hauptoratoren, und zwar vorzugsweise die wichtigsten der berühmteren, wurden so eingehend studirt, zu rhetorischen Stilübungen selbständig bearbeitet, Einzelheiten derselben anders ausgeführt etc., dass uns eine gewisse äussere Aehnlichkeit derselben mit ihren Vorbildern nicht auffallen kann. Viel mehr kann hier die Schiefheit, Unrichtigkeit der Gedanken, als der Stil und die Sprache beweisen. Dessenungeachtet treten in dem betr. Stücke auch der Verstösse gegen Stil, Sprache, Grammatik so viele auf, dass sich auch von dieser Seite das Stück als interpolirt erweist.

Das Stück lässt sich im Allgemeinen so characterisiren, dass die Gedanken und grossentheils auch die Ausdrücke aus andern demosthenischen Stücken, meist der vorliegenden Rede selbst, entnommen sind. Dass der Anfang nicht mit dem unmittelbar Vorhergehenden übereinstimmt, haben wir schon oben gesehen. Das *ἀδικεῖν ὑμᾶς*, wenn man es überhaupt so nennen kann und will, ist in der eigentlichen Klage, welche 177 ihren Abschluss findet, erschöpft; jedenfalls aber kann man die unmittelbar vorhergehenden Stücke 192—98 und 199 f. auf keinen Fall so bezeichnen und die Worte *τοσούτων τοίνυν καὶ τοιούτων ὄντων, ὧν ἀδικῶν ὑμᾶς ἐξελήλεγκται* sind völlig unmotivirt. Die folgende Sammlung von Epitheta des Aesch. erweist sich sofort als undemosthenisch. Es findet sich hier eine Analogie mit des Aesch. Verfahren, der unwichtige Momente erwähnt, die wesentlichen verschweigt. Sehen wir von δωροδόκος ab, welches übrigens selten ist bei Dem., so geht κόλαξ auf 160, wo gelegentlich gesagt wird: ἐχαρίζοντο πάντ' ἐνδεικνύμενοι καὶ ὑπερκολακεύοντες ἐκεῖνον, vgl. auch Dem. de cor. 46, sonst findet sich nirgends dieser Vorwurf, soweit er eben nicht in dem Bestochensein und Handeln in Philipps Interesse mit enthalten ist. Dem. pflegt in solchen Aufzählungen die Hauptmomente anzuführen und gebraucht dabei gewöhnlich participia, nicht subst. ταῖς ἀραῖς ἔνοχος ist gleichfalls ein völlig untergeordnetes Moment, vgl. 70: κατάρατος — λέγε τὴν ἀράν, wodurch die Richter auf die Strenge des Gesetzes hingewiesen werden; hier steht es ganz selbständig. ψεύστης ist gleichfalls unpassend. τῶν φίλων προδότης: ein solcher Gedanke ist ganz neu; wenigstens hat Dem. bislang noch keine ähnliche Bezeichnung gebraucht; 302 findet man προδεδωκότι συμμάχοις καὶ φίλοις καὶ καιρούς: aber man erwartet hier eine Erwähnung schon dagewesener Punkte. Aesch., um sophistisch den Vorwurf des Dem. auf die Spitze zu treiben und ihn lächerlich zu machen, sagt: ἐρωτῶ — εἰ δοκῶ ἂν ὑμῖν πρὸς τῇ πατρίδι καὶ τῇ τῶν φίλων συνηθείᾳ καὶ ἱερῶν καὶ τάφων πατρῴων ἐμοὶ φιλτάτους προδοῦναι Φιλίππῳ. Diese Worte sind wohl unserm Vf. im Gedächtniss gewesen. Hinzuweisen ist sodann noch auf die äusserst schwerfällige Construction des ersten Satzes und auf die Einführung der προκαταληψις durch ἐγγυτάτω μανίας: Dem. nimmt sich in der eigentlichen Beweisführung vor übertriebenen Ausdrücken in Acht; das stärkste bei der Einführung seiner προκαταλήψεις ist 72 εἰς τοῦτ' ἀναιδείας καὶ τόλμης —.

202. Die Aehnlichkeit der hier angeführten Ausdrücke κοινωνός γέγονα — συνήρεσκεν ταῦτά μοι καὶ συνέπραττον αὐτῷ mit 188: τῶν πεπραγμένων κοινωνεῖν — ἐγὼ δ' οὐδὲ συμπεπρεσβευκέναι — ὑμεῖς γὰρ ταῦτ' ἐπράττετε καὶ ταῦτα πᾶσιν ὑμῖν ἤρεσκεν ist auffallend. Der Vorwurf ἔπειτ'.ἐξαίφνης μεταβέβλημαι ist derselbe welchen Dem. dem Aesch. macht 27 f.: ἐξαίφνης — μεταβεβλημένον; dass Aesch. diesen Vorwurf dem Dem. machen würde, vermuthet Dem. nirgends; Aesch. thut es aber 79: καὶ μεταβεβλῆσθαί με φῇς αὐτὸς ὢν ἀνδραποδώδης καὶ μόνον οὐκ ἐστιγμένος αὐτόμολος: aus diesem wirklich von Aesch. erhobenen Vorwurf, den derselbe bekanntlich nicht bloss hier erwähnt, sondern zur Grundlage seiner ganzen Vertheidigung macht,

indem er ausführt, nicht Er habe die Interessen Athens verrathen und mit Philokr. im Complott gehandelt, sondern Demosthenes, macht der Vf. unsers Stücks die ganze προκατάληψις. Dem. hatte den Gedanken ganz kurz 188 ff. erwähnt und zurückgewiesen. Zu beachten ist noch der Hiatus ἡ τοιαύτη ἀπολογία. Der Gedanke ἐγὼ μὲν γὰρ εἰ ταῦτα πεποίηκα φαῦλός εἰμ' ἄνθρωπος ist lächerlich.

203. τὴν δικαίαν ἥτις ἐστὶν ἀπολογία zu beachten. Die Worte selbst entlehnt der Vf. aus seinen eigenen Worten 201. Die Theilung ἐπιδεῖξαι καὶ ὅτι ψεύσεται ταῦτ' ἐὰν λέγῃ καὶ τὴν δικαίαν ἥτις ἐστὶν ἀπολογία ist unlogisch: die Theile schliessen sich nicht aus, sondern decken sich.

204. Der ganze Paragraph besteht aus Reminiscenzen, vgl. besonders 325 f.; nur das ἐν Εὐβοίᾳ στρατιώτας εἶναι ist original, dafür aber auch desto matter; der Vf. mochte wahrscheinlich das ὁρμητήρια nicht noch einmal setzen. Ganz unverständlich aber ist ἀνώμοτον εἶναι τὴν εἰρήνην: allerdings wird von Dem. berichtet, dass mehrere Bundesgenossen den Frieden nicht beschworen hatten, dass aber Phil. dieselben nach Athen habe schicken wollen. Aber sollte dieses am Tage des Processes noch nicht geschehen sein? Und wäre das überhaupt ein Grund, weil vielleicht einige unbedeutende Städte den Frieden nicht beschworen hatten, denselben überhaupt ἀνώμοτος zu nennen? Auch hier zeigt sich die Unkenntniss und Talentlosigkeit des Vf., welcher aus Stellen, wie 158 οὔθ' ὅσ' ἐκεῖσ' ἐπορεύοντο οὔθ' ὅσ' ἐκεῖθεν δεῦρο τοὺς ὅρκους ἔλαβον — 159 οὐκ ἐβούλετο τοῦτον ὀμωμοκέναι τὸν ὅρκον οὐδένα τῶν αὑτοῦ συμμάχων compilirt τὴν ἀνώμοτον εἰρήνην.

205. Der Vf. geht an den Beweis selbst, dass er an Nichts Theil genommen habe. Als erster Beweis dafür wird der Umstand geltend gemacht, dass Philokr. der unverschämteste Mensch, Aesch. der grösste Schreier in Athen, beide nichts gegen Dem. ἄτολμον καὶ δειλὸν πρὸς τοὺς ὄχλους vermocht und geredet haben, als dieser jene der Bestechung beschuldigte. Wann ist dieses geschehen? Dem. spricht 116 ff. von dem Process des Hyperides und erklärt, in demselben schon denselben Vorwurf erhoben zu haben; ferner erwähnt er 135 einer Volksversammlung (πρὸς ὑμᾶς ἐν τῷ δήμῳ), in der er gleichfalls unter dem Schweigen der Angeschuldigten diese Anklage erhob. Dem. hat 135 ohne Zweifel die 2. philippische

Rede im Sinne, in welcher man diesen Vorwurf findet und welche gleichfalls genau die 135 als dort erwähnt genannten Vorwürfe der Unbeständigkeit und des Unverstandes enthält. Dem. hat also nach 135 schon einmal (πρότερόν ποτε) in einer Volksversammlung und ebenso nach 116ff. vor Gerichte bei der Klage des Hyperides den Vorwurf des Bestochenseins gegen die Gesandten erhoben. Aus 116 ff. und 135 hat nun unser Vf. seine Stelle compilirt: die Form des Beweises ist dieselbe, Dem. ruft die Gesandten als Zeugen gegen sich selbst auf: αὐτοὺς παράσχωμαι μάρτυρας τούτους ὅτι πάντα τἀναντί᾽ ἐμοὶ καὶ τούτοις πέπρακται ff.; ganz gleich schliesst Dem. a. a. O. (119) διαμαρτύρεσθαι τὸ καθ᾽ αὑτὸν — ὅτι χρήμαι᾽ εἴληφεν Αἴσχ. 206. Der Vf. sagt τίνα τῶν ἐν τῇ πόλει ᾠήσαιτ᾽ ἂν βδελυρώτατον εἶναι; οὐδεὶς — ἂν — ἄλλον — ᾠήσειεν ἢ Φιλοκράτην. Wie kann Dem. den Philokr. als ἐν τῇ πόλει bezeichnen? Philokr. ist durch den gegen ihn erhobenen Process verurtheilt in die Verbannung gegangen, er ist factisch und rechtlich ἔξω τῆς πόλεως und nichts kann Dem. bewegen, ihn unter die Bewohner der Stadt zu rechnen. Und derselbe Ausdruck kehrt 208 wieder. Ein Rhetor, welcher später schrieb und nicht unmittelbar nachdem Philokr. verurtheilt und verbannt war, der also nicht in der Gegenwart, sondern in der Vergangenheit lebte, konnte sehr wohl diesen Umstand für Augenblicke vergessen: Dem. kann dieses nicht geschrieben haben. Mir ist es wahrscheinlich, dass der Vf. dabei an die Worte des Aesch. denkt 6 (de f. l.) παράδοξος δέ μοι κἀκεῖνος ὁ λόγος ἐφάνη καὶ δεινῶς ἄδικος, ὅθ᾽ ὑμᾶς ἐπηρώτα, εἰ οἱόντ᾽ ἐστὶν ἐν τῇ αὐτῇ πόλει Φιλοκράτους μὲν θάνατον καταψηφίσασθαι, ὅτι καταγνοὺς ἀδικεῖν ἑαυτοῦ τὴν κρίσιν οὐχ ὑπέμεινεν, ἐμοῦ δ᾽ ἀπογνῶναι. Diese Worte beziehen sich auf Dem. de f. l. 116 ff. Wenn sich das ἐν τῇ αὐτῇ πόλει hier nicht findet, so ist das nicht auffallend: Dem. kann es sehr wohl gesagt haben, wie er sich in vielen Stücken nicht an den Wortlaut unsers Textes gehalten hat. Wenn aber unser Vf. diese Worte in ähnlicher Fassung hier gebraucht, so beweist er seine absolute Ungeschicktheit. Die Schilderung des Philokr. als βδελυρώτατος καὶ πλείστης ἀναιδείας καὶ ὀλιγωρίας μεστός, Aesch. als μέγιστον φθεγγόμενος, Dem. als ἄτολμος καὶ δειλὸς καὶ οὐδενὸς μεῖζον φθεγγόμενος ist für mein Gefühl äusserst manierirt und des Dem. ganz unwürdig. Ich glaube, dass dem Vf. die Stelle de Cherson. 68

hierbei vorgelegen hat: εἰτά φησιν ὃς ἂν τύχῃ παρελθών „οὐ γὰρ ἐθέλεις γράφειν, οὐδὲ κινδυνεύειν, ἀλλ' ἄτολμος εἶ καὶ μαλακός." ἐγὼ δὲ θρασὺς μὲν καὶ βδελυρὸς καὶ ἀναιδὴς οὔτ' εἰμὶ μήτε γενοίμην, ἀνδρειότερον μέντοι πολλῶν πάνυ τῶν ἰταμῶς πολιτευομένων παρ' ὑμῖν ἐμαυτὸν ἡγοῦμαι. Ausserdem mag er an Aesch. de f. l. 106 gedacht haben, wo Dem. sagt ἐγὼ δὲ ὁμολογῶ μαλακὸς εἶναι καὶ τὰ δεινὰ πόρρωθεν δεδιέναι —.
207. Hat Dem. 135 ausdrücklich gesagt, dass er schon früher einmal (καὶ πρότερόν ποτε) über diesen Gegenstand in der Volksversammlung gesprochen habe, so macht unser Rhetor dasselbe verallgemeinernd zu ἐν πάσαις ταῖς ἐκκλησίαις ὁσάκις —. Die Worte καὶ κατηγοροῦντος — τῆς πόλεως geben in alter Form einen alten Gedanken wieder. Dann sagt unser Vf.: καὶ τούτων οὐδεὶς πώποτ' ἀκούων τοῦτ' ἀντεῖπεν οὐδὲ διῆρεν τὸ στόμα οὐδ' ἔδειξεν ἑαυτόν; vgl. damit 117: οὐ τοίνυν παρῆλθεν οὐδεὶς οὐδ' ἔδειξεν ἑαυτόν: hier sind die Worte nach der Aufforderung ἀναστὰς — ἀποφηνάσθω μὴ μετέχειν — durchaus passend, dort sind sie völlig überflüssig: der Rhetor hat die Stelle einfach abgeschrieben. Die andern Ausdrücke entlehnt er sodann aus 112: οὐ τοίνυν ἀντεῖπεν οὐδὲ διῆρεν τὸ στόμα οὐδ' ἐφθέγξατο οὐδέν, ebenso 207: οὐδεὶς ἀντεῖπεν οὐδὲ διῆρεν τὸ στόμα, nur dass er für das οὐδ' ἐφθέγξατο οὐδέν das unpassende οὐδ' ἔδειξεν ἑαυτόν aus 117 setzt.

208. Der erste Satz enthält eine wörtliche Wiederholung der 206 gebrauchten Ausdrücke. Das folgende τὸ συνειδέναι πεπρακόσιν αὐτοῖς τὰ πράγματα aus mehrmals von Dem. gebrauchten Ausdrücken zusammengesetzt. Der letzte Satz τοῦτο παραιρεῖται τὴν θρασύτητα τὴν τούτων, τοῦτ' ἀποστρέφει τὴν γλῶτταν ἐμφράττει τὸ στόμα, ἄγχει, σιωπᾶν ποιεῖ wieder sehr manierirt.

209. τὸ τοίνυν τελευταῖον ἴστε δήπου πρώην: vgl. 116 ὃ τοίνυν ὕστατον μὲν γέγονεν — ἴστε δήπου πρώην. Worauf Aesch. bei seiner Drohung, gegen Dem. einen Process zu erheben, sich stützt, (ὡς εἰςαγγελεῖ με, Σ hat εἰςαγγέλλει, καὶ γράψεται) bleibt völlig unklar. Gewöhnlich wird der hier erzählte Umstand auf den delischen Process bezogen. Die Athener hatten den Aesch. zum Gesandten und Anwalt in ihrem Processe um Delos gemacht; weil aber Aesch. durch die Geschichte mit Antiphon sich verdächtig gemacht hatte, so setzte der Areopag in feierlicher Abstimmung ihn

ab. Angenommen dass 209 sich auf diesen Fall beziehe, so ist es zunächst sonderbar, dass Aesch. hier seinem Zorn darüber gegen Dem. Luft macht, von dem der Beschluss des Areopags doch völlig unabhängig war; sodann ist es merkwürdig, dass Dem. in der eigentlichen Beweisführung nichts von diesem allerdings wichtigen Merkmale, wie man gegen Aesch. gestimmt war, anführt; jedenfalls muss er bestimmte Gründe gehabt haben, dieses zu verschweigen und es passt die Annahme, Dem. verschweige es aus Rücksicht auf die Demokratie, recht gut; denn die Bürgerschaft musste das eigenmächtige Verfahren des Areopags sehr unangenehm berühren. Aber welche Gründe Dem. auch gehabt haben mag, diese Abweisung des Aesch. zu verschweigen, sie müssen vorhanden gewesen sein. Unter allen Umständen ist daher diese beiläufige Erwähnung der Thatsache äusserst unangebracht. Wollte Dem. sie erwähnen und als Beweis benutzen, wie ehrenwerthe, patriotisch gesinnte Männer über Aesch. denken und ihn als Verräther bezeichnen, so musste er sie unter den Beweisen, dass er bestochen sei, aufführen, nicht aber in der $\dot{\alpha}\nu\alpha\sigma\kappa\epsilon\nu\dot{\eta}$, als $\pi\varrho o\kappa\alpha\tau\dot{\alpha}\lambda\eta\psi\iota\varsigma$, oder gar wie es hier geschieht, als blosses Einschiebsel in einer völlig andern $\pi\varrho o\kappa\alpha\tau\dot{\alpha}\lambda\eta\psi\iota\varsigma$. Durch die blosse Erwähnung dieses Umstandes, wenn er wirklich auf die oben bezeichnete Thatsache sich bezieht, musste der Zorn des Demos eben so erregt werden, als er durch eine genauere Darstellung, die vorsichtig das was Zorn und Hass erregen konnte, vermieden wurde. Endlich aber ist noch zu bemerken, dass die Worte $\H{o}\tau$' $\alpha\dot{v}\tau\grave{o}\nu$ $o\dot{v}\kappa$ $\epsilon\H{\iota}\bar{\alpha}\tau\epsilon$ $\pi\varrho\epsilon\sigma\beta\epsilon\acute{v}\epsilon\iota\nu$ durchaus unrichtig sind: der Demos hatte Aesch. im Gegentheil gewählt, der Areopag ihn refusirt. Man sieht, der Rhetor wusste den Gegenstand, dass Aesch. Wahl nicht bestätigt war, die näheren Umstände aber kannte er nicht. Der Gegensatz in $\tau\alpha\bar{v}\tau\alpha$ $\mu\acute{\epsilon}\nu$ $\dot{\epsilon}\sigma\tau\iota$ ff. ist unlogisch. Noch unlogischer, um nicht zu sagen unsinniger, ist das $\epsilon\iota\lambda\eta\varphi\grave{\omega}\varsigma$ $\H{\eta}$ $\mu\epsilon\tau\epsilon\iota\lambda\eta\varphi\acute{\omega}\varsigma$ am Schlusse des Paragraphen. Der Pseudo-Dem. schiebt dem Aesch. hier folgende Vertheidigung in den Mund: „Dem. wirft mir vor, dass ich Gelder angenommen habe, während er doch selbst dieselben empfangen hat oder mitempfangen hat." Keineswegs kann man dieses auf das Annehmen der $\xi\acute{\epsilon}\nu\iota\alpha$ beziehen, welches Dem. erwähnt: denn seine ganze Darstellung ergiebt, dass er hieraus dem Aesch., wenn auch Verdächtigung, so doch keine bestimmte Anklage erregen will, indem er erklärt, durch die Annahme von Seiten der Gesandten sei ein günstiger Vorwand gefunden für Einzelne, noch privatim im Geheimen Gelder zu empfangen, und nur aus diesen leitet Dem. seine Anschuldigung auf Bestechung her, freilich ohne dieselbe irgend wie zu erweisen. Wenn daher hier dem Aesch. die Worte in den Mund gelegt werden ούτοσὶ κατηγορεῖ ταῦτ' ἐμοῦ ὧν αὐτὸς κοινωνὸς γέγονεν καὶ χρήματ' εἰληφέναι φησὶν ἐμέ, αὐτὸς εἰληφὼς ἢ μετειληφώς, so können sich diese χρήματα nur auf die Gelder beziehen, durch welche nach des Dem. verdächtigender Behauptung Aesch. im Geheimen von Philipp sich erkaufen liess, und welche den Grund und Kern der ganzen Anklage des Dem. bilden. Es ist nun aber ein barer Unsinn, dem Aesch. die Worte in den Mund zu schieben ἢ μετειληφώς. Sämmtliche Hdschr. haben dieselben. Aesch. würde durch dieselben seine Schuld einfach anerkennen, die dadurch nicht geringer wird, dass Dem. an ihr Theil hat. Ein solcher logischer Unsinn ist dem Dem. auf keinen Fall zuzutrauen und auch diese Worte erweisen die Gedankenlosigkeit und Ungeschicktheit des Interpolators.

210. τούτων μὲν τοίνυν οὐδέν ff. noch immer in Reminiscenz der obigen Stelle (112). Vgl. auch Dem. de cor. 23 σοὶ τὸ μὴ σιγῆσαι λοιπὸν ἦν, ἀλλὰ βοᾶν καὶ διαμαρτύρεσθαι καὶ δηλοῦν τουτοισί. οὐ τοίνυν ἐποίησας οὐδαμοῦ τοῦτο οὐδ' ἤκουσέ σου ταύτην τὴν φωνὴν οὐδείς. Auch hier wieder zeigt sich die Unbeholfenheit unsers Vf.; man vergegenwärtige sich einmal den Gedankenfortschritt oder vielmehr Gedankenstillstand dieses Paragraphen, dessen sämmtliche Sätze sich in einem Cirkel bewegen. Τούτων μὲν τοίνυν οὐδὲν εἶπεν οὐδ' ἐφθέγξατο οὐδ' ἤκουσεν ὑμῶν οὐδείς (drei verschiedene Ausdrücke für dieselbe Sache) ἄλλα δ' ἠπείλει. διὰ τί; ὅτι ταῦτα μὲν αὐτῷ συνῄδει πεπραγμένα καὶ δοῦλος ἦν τῶν ῥημάτων τούτων. οὔκουν προςῄει πρὸς ταῦθ' ἡ διάνοια ἀλλ' ἀνεδύετο. ἐπελαμβάνετο παρ' αὐτῆς τὸ συνειδέναι. Dazu kommt die durchaus unklare Ausdrucksweise dieser Sätze selbst.

211 f. enthalten ein Moment, welches uns zu einer gründlicheren Erwägung auffordert. Es wird hier nemlich ausgeführt, Aesch. habe die Ansicht verfochten, nach der Rechenschaftsablage über die erste Gesandtschaft sei eine solche über die zweite, welche nur Fortsetzung jener, unnöthig; er habe deshalb den Dem., der für sich habe Rechenschaft ablegen wollen, an derselben zu hindern gesucht. Dieses Moment würde in der That ein sehr wichtiges in der Anklage gegen Aesch. sein und es würde zunächst in Bezug auf dasselbe zu bemerken sein, dass das Eingeschaltetsein desselben inmitten einer

andern προκατάληψις, wodurch die Bedeutung desselben aufs äusserste zurücktritt, sehr auffallend ist. Dem. hätte diesen des Aesch. schlechtes Gewissen im höchsten Grade compromittirenden Umstand selbständig ausführen müssen, um ihm das volle gebührende Gewicht zu geben. Sodann ist zu sagen, dass es kaum denkbar ist, dass Aesch. auf einen solchen Gedanken überhaupt sollte gekommen sein, von der zweiten Gesandtschaft, nachdem schon von der ersten Rechenschaft abgelegt war, dieselbe zu verweigern. Die Gesandten waren zweimal gewählt, sie waren zweimal nach Makedonien gewesen, sie hatten ihre ganz bestimmten Aufträge für diese letztere Reise erhalten, Wenn die zweite Reise als Fortsetzung der ersten betrachtet wurde, so musste selbstverständlich die Rechenschaftsablage am Schlusse dieser als Eine betrachteten Gesandtschaft stattfinden, nicht aber in der Mitte der Amtsführung. Das wäre in der That ein πρᾶγμ' ὑπεργέλοιον, wie es 211 heisst, und dem Aesch. ein solcher Gedanke nicht zuzutrauen. Ferner heisst es hier, Aesch. habe die Rechenschaftsablage des Dem. zu hintertreiben gesucht ἔχων μάρτυρας πολλούς. Was sollten diese Zeugen bewahrheiten? Dass Dem. schon von der ersten Gesandtschaft Rechenschaft abgelegt habe? Dafür lieferte das Archiv, welches die von den Euthynen ihm ausgestellte Entbindung von der Verpflichtung enthielt, das nöthige Material, nicht aber Zeugen. Oder dass die zweite Gesandtschaft nur Fortsetzung der ersten gewesen? Das war, wenn es überhaupt zu beweisen war, durch ψηφίσματα zu beweisen, auf Grund deren die Gesandtschaft abgeschickt war; Aesch. hätte sich vielleicht darauf stützen können, dass dieselben Gesandten wieder gewählt waren und ähnliches: aber dafür waren die bestimmten Raths- und Volksbeschlüsse beweisend, nicht Zeugen.

Es heisst 211: βουλομένου γὰρ ἐμοῦ τὰ δίκαια ὥςπερ ἐπρέσβευσα δὶς οὕτω καὶ λόγον ὑμῖν δοῦναι δίς, προςελθὼν Αἰσχίνης οὑτοσὶ τοῖς λογισταῖς ἔχων μάρτυρας πολλοὺς ἀπηγόρευε μὴ καλεῖν ἔμ' εἰς τὸ δικαστήριον ὡς δεδωκότ' εὐθύνας καὶ οὐκ ὄνθ' ὑπεύθυνον. Aus diesen Worten geht deutlich hervor, dass der Vf. der Ansicht gewesen ist, jeder habe sich einzeln von der ihm gewordenen Aufgabe entbinden lassen, indem er vor den Logisten εὐθύνη ablegte. Wir ersehen nun aber aus der Rede des Dem. aufs bestimmteste, dass die Gesandtschaft als solche noch ὑπεύθυνος war, dass also auch Dem. nicht entbunden war. In der ganzen Klage wendet sich Dem. ebenso gegen die übrigen Gesandten, wie gegen Aesch. Freilich tritt dieser als der schuldigste hervor, aber den Mitgesandten wird in gleicher Weise Verrath vorgeworfen und nur wo einzelne Handlungen von Aesch. erzählt, oder wo die bestimmte Aufforderung zu strafen an die Richter gestellt wird, tritt Aesch. speciel hervor, weil Dem. nur gegen diesen einen bestimmten Strafantrag erhebt.

Sofort im Anfang der Rede bezeichnet Dem. bestimmt das gegenwärtige Verfahren als die εὔϑυναι der zweiten Gesandtschaft und keineswegs ist hier von Aesch. allein die Rede, sondern von allen Gesandten, vgl. die Worte: ἐπειδὴ πάλιν ἥκομεν ἐκ τῆς πρεσβείας ἧςπέρ εἰσιν αἱ νῦν εὔϑυναι. Unmöglich könnte doch Dem. so sprechen, wenn hier nur die εὐϑύνη des Aesch. in Betracht käme, nicht die Aller Gesandten oder der Gesandtschaft in ihrer Gesammtheit. Das Zusammenwirken Aller Gesandten wird stets festgehalten von hier an, die Worte τούτων — παρ' αὐτὸ τὸ ψήφισμα πεπρεσβευκότων bezeichnen wieder genau die Klage als περὶ παραπρεσβείας gegen Alle Gesandten gerichtet. In der Erzählung von den ἀπαγγελίαι des Aesch. tritt dieser durchaus richtig wieder speciel hervor, weil einzelne Facta berichtet werden, die ihn allein betreffen. Aber immer wieder treten dazwischen die Gesandten als an der Schuld des Aesch. theilnehmend hervor. 32 stellt Dem. sich allein als ἐπιεικής den andern πεπονηρευμένοις gegenüber. Philipp nimmt die ἁμαρτήματα der Gesandten auf sich 36: ὑπὲρ ὧν παρὰ τούτων ὑμᾶς ἔδει δίκην λαμβάνειν. Auch bei den Verhandlungen in der Volksversammlung nach der zweiten Gesandtschaft erscheinen die Gesandten zusammengefasst 45 und Dem. allein im Gegensatz zu ihnen; natürlich treten Aesch. und Philokr. besonders als die Hauptführer wieder schärfer hervor. Vgl. auch 52—54. 57 f. 60 ff. Sie haben die Phoker vernichtet, sie haben Philipp unterstützt, Phil. hat sie πονηροτέρους gefunden als er wollte; was Phil. selbst nicht lügen mochte, ἐπὶ ταῦτα μισϑώσαντες ἑαυτοὺς ὑμᾶς ἐξηπάτων; kann es κακίους ἢ μᾶλλον ἀπονενοημένοι geben? Dazwischen erscheint Aesch. allein nur selten beschuldigt; sowie Dem. aber auf die Einreden kommt, spricht er von Aesch.: ἐρεῖ etc.; natürlich, denn nur gegen Aesch. beantragt Dem. eine bestimmte Strafe.

Die Worte 103 κρίνεται καὶ εὔγε τι τῶν προςηκόντων ἐγίγνετο ἐν εἰςαγγελίᾳ πάλαι ἂν ἦν, νῦν δὲ διὰ τὴν ὑμετέραν εὐήϑειαν καὶ πρᾳότητα εὐϑύνας δίδωσι καὶ ταύτας ὁπηνίκα βούλεται sagen nicht, dass Aesch. allein εὐθύνας jetzt gebe, sondern bringen die εὔθυναι allein in Beziehung auf ihn zur Sprache, weil eben von ihm allein hier die Rede ist. Aus den Worten εἴγε τι τῶν προςηκόντων ἐγίγνετο ἐν εἰςαγγελίᾳ πάλαι ἂν ἦν darf man nicht folgern wollen, dass die von Timarch früher gegen Aesch. angestrengte Klage diese Form gehabt habe, oder dass Dem. selbst die Erhebung der Klage in der Form einer Eisangelie versucht habe. Dem. und Tim. hatten gegen Aesch. bei den Logisten die Klage wegen παραπρεσβεία erhoben; Aesch. hatte mit einer Gegenklage geantwortet gegen den einen der Kläger; durch die Verhandlung dieses Processes war der erstere sistirt; nach der Verurtheilung des Tim. setzte Dem. allein die Klage fort und 3 Jahre nach Einreichung der γραφή, wie das Argum. Anon. zu Dem. de f. l. 11 sagt, kam der Process erst zur Verhandlung. Ohne Zweifel hat auch die Klage des Hypereides gegen Philokrates, die sich zum Theil auf dieselben Momente stützte, auf welchen die Klage des Dem. gegen Aesch. beruht, auf die Verzögerung dieser Klage eingewirkt. Auf jenen Process beziehen sich nun ohne Zweifel die Worte ἐν εἰςαγγελίᾳ πάλαι ἂν ἦν: wenn es nach dem Rechte gegangen wäre, so wäre mit Aesch. so verfahren wie mit Philokr., es wäre eine Eisangelie gegen ihn eingebracht. Wenn wir auch nicht bestimmen können, wann die eine oder andere Form der Klage — εἰςαγγελία oder εὐθύνη — angebracht war, so dürfen wir doch jene als die summarischere, kürzere bezeichnen, zugleich aber als eine Klagform, durch welche das Verfahren des Angeklagten als ein ganz besonders gefährliches, ausserordentliches bezeichnet wurde. Doch wie dem auch sei, das εὐθύνας δίδωσι beweist auf keinen Fall, gegenüber allen andern Zeugnissen, dass der Process, die Rechenschaftsablage allein den Aesch. betreffe.

Ein sehr deutlicher Beweis, dass die εὐθύνη Alle Gesandten betrifft, findet sich auch 116. Dem. erzählt von der Klage des Hyperides gegen Philokr. und wie er gesagt habe, Eins missfalle ihm an der Klage εἰ μόνος Φιλοκράτης τοσούτων ἀδικημάτων αἴτιος — οἱ δ' ἐννέα τῶν πρέσβεων μηδενός —. Dem. fordert die Gesandten auf, wer an den dem Philokr. vorgeworfenen Thaten keinen Theil habe, möge vortreten und dasselbe erklären. Indem Dem. nun nach Entschuldigungen für die Betreffenden sucht, sagt er: καὶ τῶν μὲν ἄλλων ἐστὶν ἑκάστῳ τις πρόφασις. ὁ μὲν οὐχ ὑπεύθυνος ἦν, ὁ δ' οὐχὶ παρῆν ἴσως, τῷ δὲ κηδεστής ἐστιν

ἐκεῖνος —. Wenn Dem. ausdrücklich Einen der Gesandten οὐχ
ὑπεύθυνος nennt, so darf man doch wohl daraus folgern, dass die
Andern ὑπεύθυνοι waren. Aber wie ist es möglich, dass der Eine
οὐχ ὑπεύθυνος war? Hier liegen verschiedene Möglichkeiten vor:
das wahrscheinlichste ist mir, dass Dem. als den οὐχ ὑπεύθυνος
den Aglaokreon von Tenedos bezeichnet, welcher als Gesandter der
σύμμαχοι Athens den zehn athenischen Gesandten beigeordnet
war, vgl. Aesch. de f. l. 97. Es wird dieses dadurch bestätigt, dass
Dem. von neun Gesandten spricht ausser Philokr. Da er sich selbst
nicht einschliessen kann, so folgt, dass er den Aglaokreon mit ein-
schloss und als Nicht-Athener war dieser den Athenischen Logisten
auch nicht verantwortlich. Dass derselbe damals in Athen war, ersieht man aus Aesch. 2, 126: denn da er der Rede des Aesch. περὶ
παραπρ. anwohnte, so dürfen wir auch wohl annehmen, dass er in
der kurz vorher (πρῴην) geführten Verhandlung gegen Philokr. an-
wesend war, worauf das ἐννέα πρέσβεων ganz bestimmt hinweist.
Ich halte diese Stelle schon allein für beweisend, dass die zehn athenischen Gesandten, d h. die Gesandtschaft in ihrer Gesammtheit
noch ὑπεύθυνος war.

Wenn die Gesandten überhaupt noch keine Rechenschaft abgelegt hatten, so war auch Dem. noch ὑπεύθυνος. Und das zeigt
wieder seine Rede aufs schlagendste. In dieser Eigenschaft als
πρεσβευτὴς ὑπεύθυνος musste es ihm gestattet sein, eingehend
über sein eigenes Verhalten während der Gesandtschaft zu sprechen.
So tritt die Rede περὶ παραπρ. ihrem Wesen nach unmittelbar
neben die Rede περὶ στεφάνου: beide sind ebensowohl Recht-
fertigungs- als Klagschriften; überall, durch die ganze Rede, stellt
Dem. sein eigenes Verhalten dem des Aesch. gegenüber: so zunächst
im ersten Theile der Klage, der über das ἀπαγγέλλειν und πείθειν
des Aesch. handelt, sodann im dritten, der den eigentlichen Bericht
über die Gesandtschaft selbst giebt. Der zweite Theil dagegen,
welcher die δωροδοκία des Aesch. nachzuweisen sucht, bot natürlich keine Gelegenheit, sein eigenes Verhalten zu schildern. Dies
halte ich auch für einen der Gründe, (vgl. übrigens schon oben)
weshalb Dem. nicht chronologisch verfährt, zuerst die Gesandtschaft
selbst (Theil III oder Punkt V), sodann Theil I (Punkt I und II: das
ἀπαγγέλλειν und πείθειν) behandelnd, sondern umgekehrt: bei
der Schilderung der zweiten Gesandtschaft konnte er effectvoller
sein eigenes Verhalten dem des Gegners in richtigem Lichte gegen-

über stellen und in längerer Ausführung über die Aufträge sprechen, in Bezug auf welche er αὐτοκράτωρ gewesen war. Er schliesst diesen Bericht, indem er erklärt, er habe sich die grösste Mühe gegeben, das Andere eben so gut auszurichten: ἀλλ' οἶμαι περιῆσαν οὗτοί μου. Nur von diesem Gesichtspunkte aus betrachtet ist auch die Verwahrung des Dem. 188 ff. zu verstehen. War dem Dem. Decharge ertheilt, so war er damit von jeder Schuld, die etwa auf der Gesandtschaft im Allgemeinen begangen war, freigesprochen. Seine Worte δυοῖν δ' αἱρέσεως οὔσης μοι νυνὶ ἢ τοιούτων ὄντων τῶν πεπραγμένων δοκεῖν κοινωνεῖν ὑμῖν ἢ κατηγορεῖν sind durchaus wahr. Aesch. erklärt selbst (3, 80) 13 Jahre später, wo er es wohl versuchen konnte, frech das Gegentheil von dem zu sagen, was er in seiner Rede περὶ παραπρ. vorgebracht hatte: ἐν ταῖς μεγίσταις ἦσαν αἰτίαις οἱ πρέσβεις οἱ περὶ τῆς εἰρήνης πρεσβεύσαντες. Und das ist gewiss völlig der Wahrheit entsprechend; nur muss Aesch. nicht verlangen, dass wir ihm weiter glauben, diese Anschuldigungen hätten sich vorzugsweise gegen Dem. und Philokr. gekehrt. Dem Dem. blieb kein anderes Mittel, sich von den Verdächtigungen zu reinigen, die man gegen die Gesandtschaft erhob, als auf wirksame Weise darzuthun, dass er an den Ergebnissen der Gesandtschaft unschuldig sei. Und das konnte nur in Form einer Klage gegen die Gesandten geschehen. Wer anders als Jemand, der den Verhandlungen angewohnt, konnte wissen, welcher unter den zehn Gesandten keinen Theil habe an der Schuld, oder wen vor den Andern eine Schuld treffe? Jede Klage eines Unbetheiligten konnte sich nur gegen die Gesandtschaft als solche richten; wäre nun wirklich eine Klage gegen die Gesandten erhoben von einem Dritten, so war es dem Dem. allerdings noch immer möglich, seine Nichtbetheiligung an den Ergebnissen der Reise zu erweisen; geschah das aber nicht, so wurde er jedenfalls von den allgemein erhobenen Anschuldigungen mitbetroffen. Das sicherste nicht blos, sondern auch das einzig würdige Mittel für ihn war, selbst sofort eine Klage zu erheben. Man beachte 'die Form, in welcher Dem. 188 von dem Umstande spricht, dass er als College die Klage erhebe; er weist bestimmt jede Gehässigkeit, die man in seinem Verfahren finden könne, zurück, indem er erklärt, nur so habe er erweisen können, dass er schuldlos sei. Das wäre aber durchaus unwahr, wenn ihm überhaupt die Möglichkeit gewesen wäre, allein für sich Decharge zu erhalten; stellte er sich den Logisten vor und diese fanden ihn nach Anhören seines Berichts schuldlos, so war er damit von jeder Theilnahme an den Resultaten der Gesandtschaft frei: die Klage gegen seine Collegen war für ihn selbst zwecklos, er konnte dieselbe ruhig andern überlassen. Aber so war die Sache nicht: den Gesandten konnte nur in ihrer Gesammtheit Decharge ertheilt werden und daher musste Dem. von vornherein auf eine bestimmte Klagführung gegen die andern Gesandten dringen, weil er nur so seine Nichttheilnahme an dem, was die andern gesündigt hatten, erweisen konnte.

Dem. sagt 157: *ὁ δὲ τούτοις ἀντιλέγων φανερῶς καὶ ἅπασιν ἐναντιούμενος οἷς ἔλεγον μὲν ἐγώ, ἐψήφιστο δ᾽ ὑφ᾽ ὑμῶν, οὗτος ἦν. Εἰ δὲ καὶ πᾶσιν ἤρεσκεν ταῦτα τοῖς ἄλλοις πρέσβεσιν, αὐτίκ᾽ εἴσεσθε. ἐγὼ μὲν γὰρ οὐδέν πω λέγω περὶ οὐδενὸς οὐδ᾽ αἰτιῶμαι, οὐδ᾽ ἀναγκασθέντ᾽ αὐτῶν οὐδένα δεῖ δοκεῖν χρηστὸν εἶναι τήμερον, ἀλλὰ δι᾽ αὑτὸν καὶ τὸ μὴ κεκοινωνηκέναι τῶν ἀδικημάτων. ὅτι μὲν γὰρ αἰσχρὰ καὶ δεινὰ καὶ οὐ προῖκα τὰ πεπραγμένα, πάντες ὑμεῖς ἑοράκατε, οἵτινες δ᾽ οἱ τούτων μετεσχηκότες, αὐτὸ δηλώσει.* Ich erkläre diese Worte so: „ich erhebe gegen keinen der übrigen Gesandten einen bestimmten Strafantrag; gezwungen (durch die Aussicht auf Bestrafung) soll keiner heute gut (d. h. frei von Schuld) zu sein scheinen, sondern nur aus Rücksicht für sich selbst, indem er jede Theilnahme an dem von der Gesandtschaft verübten Unrecht von sich ablehnt." Alles also, was Dem. in dieser Rede gegen die Gesandten überhaupt sagt, ist nur ganz allgemein gesprochen, ohne auf Grund desselben auf Bestrafung anzutragen; nur gegen Aesch. trägt er auf solche an. Die Worte *εἰ δὲ καὶ πᾶσιν ἤρεσκεν ταῦτα τοῖς ἄλλοις πρέσβεσιν αὐτίκ᾽ εἴσεσθε* können nur so verstanden werden, dass aus dem Berichte der Gesandten über ihr Amt das Verhältniss derselben zu Aesch. sich ergeben wird. Wir dürfen annehmen, dass den Gesandten jedenfalls nach Erstattung eines kurzen Berichts oder nach Beantwortung verschiedener ihnen vorgelegter Fragen durch bestimmte Formalitäten Decharge ertheilt wurde; Dem. sucht nun durch diese Worte einen Druck auf die Gesandten auszuüben, dass sie in dem von ihnen zu erwartenden Berichte ihren Gegensatz gegen Aesch. betonen: thun sie dieses, so erscheinen sie in Opposition gegen jenen und er selbst steht isolirt und augenscheinlich schuldig da, während ein Nichteingehen auf des Dem.

Verlangen jedenfalls ohne weitere nachtheilige Folgen für diesen
bleibt. Es ist das Ganze also ein rhetorisches Kunstmittel: mit den
Worten αὐτίκ' εἴσεσθε stimmen dann die Schlussworte οἵτινες
δ' οἱ τούτων μετεσχηκότες αὐτὸ δηλώσει durchaus überein.
Aus 33 kann keineswegs mit Arn. Schäfer gefolgert werden,
dass Dem. von seiner Verpflichtung entbunden war. Dem. frägt
hier: πῶς οὖν ῥᾳδίως πάντες εἴσεσθε, τίς ποτ' ἔσθ' ὁ πονηρός; und beantwortet dieses dahin, dass sich dieses aus der Stellung ergebe, die Aesch. einerseits, anderseits Dem. von Anfang an
der ganzen Angelegenheit gegenüber eingenommen habe: Aesch.
ist dem εἰς λόγον περὶ τῶν πεπραγμένων ἑαυτὸν καθιστάναι
stets aus dem Wege gegangen, Dem. dagegen hat von Anfang an dem
Aesch. seinen Verrath, sein Unrecht vorgeworfen; denn durch
Schweigen musste er fürchten, in den Verdacht der Theilnahme an
dem Thun des Aesch. zu kommen. Der Gegensatz von μηκέτ' εἰς
λόγον περὶ τῶν πεπραγμένων ἑαυτὸν καθιστάναι hätte verlangt,
dass Dem. sagte: ich dagegen habe sofort Rechenschaft abgelegt.
Und konnte wohl ein Gedanke wirksamer sein als dieser? Wenn Dem.
wirklich allein Rechenschaft abgelegt hätte, ohne dass Aesch. gewagt
hätte ein Wort gegen ihn zu sagen; wenn Dem. durch die Erklärung
der Rechenschaftsbehörde als frei von jeder Schuld öffentlich anerkannt war, musste er dieses nicht hier hervorheben, konnte er
auf irgend eine Weise schlagender seinen Gegensatz gegen Aesch.
kennzeichnen? Aber er hebt dieses weder hier noch irgendwo hervor. Denn selbst wenn 211 f. ächt wäre, so würde hier keineswegs
gesagt, dass Dem. in Folge der ertheilten Decharge als frei von jeder
Schuld bewiesen wäre, sondern nur dass er zweimal habe Rechenschaft ablegen wollen. 33 bezieht sich also durchaus nicht auf
eine ertheilte Decharge, sondern auf den von Anfang an von Dem.
betonten Gegensatz gegen Aesch. und die in Folge dessen gegen
diesen erhobene Klage. Die Nichterwähnung aber der von ihm
selbst geleisteten εὐθύνη an dieser Stelle ist der stärkste Beweis,
dass dieselbe überhaupt noch nicht stattgefunden hat.

Die Worte des Aesch. 178 δεκατός δ' αὐτὸς πρεσβεύσας μόνος
τὰς εὐθύνας δίδωμι sind sophistische Uebertreibung, indem allerdings Alle εὐθύνας διδόασι, aber nur für ihn dasselbe gefahrvoll
ist. Wörtlich kann dieser Ausspruch ja überhaupt nicht verstanden
werden; denn er würde behaupten, dass die Gesandten überhaupt
gar nicht, also auch nicht vorher, Rechenschaft abgelegt haben. Sie

beziehen sich ebenso wie seine Worte 181 μετὰ πάσης εὐνοίας τῇ πόλει πεπρεσβευκὼς καὶ μόνος ὑπομείνας τὸν τῶν συκοφαντῶν θόρυβον und 8 εἰμὶ μὲν γὰρ ὁ κινδυνεύων ἐγὼ νυνὶ περὶ τοῦ σώματος, τὴν δὲ κατηγορίαν τὴν πλείστην πεποίηται Φιλοκράτους καὶ Φρύνωνος καὶ τῶν ἄλλων συμπρέσβεων nur darauf, dass gegen die andern Gesandten keine bestimmte Klage erhoben ist, ihr εὐθύνας διδόναι also auch ohne jede Gefahr für sie ist. Schon der Ausdruck δεκατὸς aber scheint darauf hinzuweisen, dass sämmtliche zehn Gesandte auf gleiche Stufe gestellt werden und gemeinsam noch in dem gegenwärtigen Augenblicke demselben Schicksal des εὐθύνας διδόναι entgegen sehen. Hier drängt sich noch die Bemerkung auf, dass absolut kein Grund gedacht werden kann, dass die übrigen Gesandten gleichfalls noch nicht Rechenschaft abgelegt haben; wurde gegen sie keine bestimmte Anklage erhoben, so musste, angenommen dass dem Einzelnen überhaupt erlaubt war εὐθύνην διδόναι, innerhalb einer bestimmten Frist die Decharge gefordert und ertheilt werden. Wenn Meier und Schoem. att. Proc. 218 aus den Worten ὁπηνίκα βούλεται 103 schliessen wollen, dass den Gesandten erlaubt gewesen sei, die Zeit ihrer Rechenschaft selbst zu bestimmen, so kann man aus dieser einmaligen factischen Thatsache, in der durch die Willkür des Angeklagten (ὁπηνίκα βούλεται) die εὐθύνη solange hinausgeschoben war, nicht auf die rechtliche Zulässigkeit derselben überhaupt schliessen. Ohne Zweifel waren es auch hier 30 Tage, binnen welcher Frist Rechenschaft abzulegen war; jedenfalls aber ist eine genau bestimmte Frist dafür anzunehmen. Es ist daher, da einerseits feststeht, dass gegen die übrigen Gesandten keine bestimmt formulirte Klage erhoben worden ist, anderseits besonders nach 118 kein Zweifel möglich ist, dass die andern Gesandten — von Dem. abgesehen — noch ὑπεύθυνοι sind, kein anderer Grund zu entdecken, weshalb diesen noch keine Decharge ertheilt ist, als der, dass durch die gegen Einen der Gesandten erhobene Klage das Verfahren gegen Alle sistirt war, weil die Gesandtschaft mit Recht als eine Einheit betrachtet wurde, die gemeinsam ihre Aufträge erhalten hatte und nur gemeinsam über diese Bericht erstatten und über ihre sonstige Amtsführung Rechenschaft ablegen konnte.

Ein ganz bestimmtes Zeugniss aber dafür, dass die Rede des Dem. περὶ παραπρ. gehalten ist am Tage der Rechenschaftsablage überhaupt, findet sich noch Dionys. Halic. ad Amm. 10 in den

Worten: μετὰ Λυκίσκον ἐστὶν ἄρχων Πυθόδοτος, ἐφ' οὗ τὴν ὀγδόην τῶν Φιλιππικῶν δημηγοριῶν διέθετο πρὸς τοὺς Φιλίππου πρέσβεις —· καὶ τὸν κατ' Αἰσχίνου συνετάξατο λόγον ὅτε τὰς εὐθύνας ἐδίδου τῆς δευτέρας πρεσβείας τῆς ἐπὶ τοὺς ὅρκους. Wer die ganze Aufzählung der Demosthen. Reden nach ihrer Zeitfolge geordnet von 4 an liest, wird sich überzeugen, dass in dem obigen ὅτε — ἐδίδου gleichfalls, wie in allen vorhergehenden Angaben über die einzelnen Reden des Dem., das Subj. des Hauptsatzes festgehalten wird, d. h. Dem. selbst der διδούς ist. Dionys. würde sonst ganz gewiss gesagt haben τὰς εὐθύνας διδόντος, in Bezug auf κατ' Αἰσχίνου, wie er z. B. sagt 4: τὸν κατὰ Τιμοκράτους λόγον ἔγραψε Διοδώρῳ, τῷ κρίνοντι παρανόμων —.

Danach müssen wir die Angabe in Anon. arg. in Dem. or. de f. leg. 10 τῶν δὲ τῆς δευτέρας πρεσβείας μόνος ὁ Δημοσθένης δέδωκεν εὐθύνας als falsch ansehen. Das Argum. zeichnet sich durch eine äusserst genaue Kenntniss der betr. Reden des Dem. und Aesch. und der in denselben berichteten Umstände aus, die in ihren kleinsten Details Berücksichtigung finden. Aber es findet sich ein mehrfaches Missverstehen der Worte: so fasst der Vf. unmittelbar vor jener Angabe die von Dem. erzählte Belobung der Gesandten nach Rückkehr von der ersten Gesandtschaft als Rechenschaftsablage vor den Enthynen, während es das keineswegs ist. Die Angabe μόνος ὁ Δημ. δέδωκεν εὐθύνας ist gleichfalls nur ein Schluss aus der Rede des Dem. Der principielle Gegensatz, in welchen sich Dem. allen übrigen Gesandten gegenüber stellt, erscheint dem Vf. des Argum. nur möglich, wenn Dem. wirklich als frei von jeder Schuld officiel anerkannt ist. Man könnte vielleicht meinen, der Vf. habe diese Angabe unmittelbar aus 211 f. geschöpft und es wäre das ja nicht unmöglich: die Autorität desselben würde dadurch nicht gehoben. Aber es erscheint nicht unwahrscheinlich, dass der Vf. die Stelle 211 f. überhaupt gar nicht gekannt hat. Wenn er sagt τῶν δὲ τῆς δευτέρας πρεσβείας μόνος ὁ Δημ. δέδωκεν εὐθύνας, μέλλοντος δὲ τοῦ Αἰσχίνου παρέχειν ἐπέσιη Τίμαρχος καὶ Δημοσθένης κατηγορήσοντες αὐτοῦ so steht das in directestem Gegensatze gegen die Angabe 211 f. Hier will Dem. Rechenschaft ablegen und Aesch. hindert ihn daran; dort will Aesch. Rechenschaft ablegen und Dem. hindert ihn daran. Bei der äusserst genauen Kenntniss der Rede von Seiten des Vf. jenes Arg. ist dieser Gegensatz gegen die Angabe jener Stelle immerhin auffallend und die Annahme liegt nicht ganz fern, dass er jene Stelle überhaupt nicht gekannt hat. Seine Angabe μέλλοντος δὲ τοῦ Αἰσχίνου ff. ist aus Stellen wie Aesch. 1, 168 ὡς γὰρ τὰς ἐμὰς εὐθύνας βλάπτων ἃς ὑπὲρ τῆς πρεσβείας μέλλω διδόναι und ähnlichen geschöpft, während die erstere Angabe μόνος ὁ Δημ. δέδωκεν εὐθύνας mir, wie gesagt, auf Stellen wie Dem. de f. l. 33 und ähnliche zurückzugehen scheint. Jedenfalls kann nach meiner Ueberzeugung diese Angabe des Anon. Arg. den Schluss, welchen wir aus den Reden Dem. und Aesch. glaubten ziehen zu dürfen, dass Niemand, auch Dem. nicht, Rechenschaft abgelegt habe, nicht umstossen. Auf eine andere Angabe Dem. de f. l. 335 komme ich unten zurück.

Wie aber ist, wenn wirklich die 211 f. berichtete Thatsache falsch ist und das Stück sich dadurch als Interpolation erweist, der Vf. desselben überhaupt auf den Gedanken gekommen, dasselbe anzufertigen? Ich glaube, dass es auf Grund einer missverstandenen Stelle des Aesch., 2, 122 f. verfasst ist. Aesch. schliesst hier 123 fin. seine Ausführung mit den Worten οὐκοῦν ἡ μὲν προτέρα πρεσβεία τὸν καιρὸν τοῦτον εἶχεν (scl. ἐξελέγχειν εὐθύς) ἡ δ' ὑστέρα ἐπὶ πεπραγμένοις ἐγίγνετο. Während Aesch. hier sagen will, dass die Zeit nach der ersten Gesandtschaft die passendste gewesen sei zur Erhebung der Anklage, scheint unser Vf. dje Stelle so zu verstehen, als wolle Aesch. jene Zeit als die rechtlich allein mögliche hinstellen zur Ablegung der Rechenschaft, weil die zweite Gesandtschaft nur ἐπὶ πεπραγμένοις gewesen sei, d. h. der Ausführung dessen, was damals beschlossen war, gedient habe, eine Rechenschaftsablage also hier unstatthaft gewesen sei. So sagt auch Dionys. Rhet. 8, 5 καίτοι τὰ πεπραγμένα πάντα ἐν τῇ προτέρᾳ πέπρακται — ἡ δὲ δευτέρα ἀπαίτησιν ὅρκων εἶχε μόνην, völlig der Ansicht des Aesch. beistimmend. Unser Vf. hat diese Stelle, in welcher Aesch. nach seiner Meinung dem Dem. das Recht bestreitet, nach der zweiten Gesandtschaft Rechenschaft selbst abzulegen und von andern zu verlangen, zu der Erzählung erweitert, die wir 211 f. finden, dass Aesch. einst wirklich vor Gericht diese Ansicht verfochten habe. So lächerlich dieses Missverständniss von Seiten unsers Vf. ist, so findet unsere Stelle ein sehr schlagendes Analogon an 234 ff., wo der Vf. in noch viel lächerlicherer Weise einem möglichen Missverständniss der Stellen Aesch. 2, 123 und 44 glaubt vorbeugen zu müssen. Unser Vf. ist durch das äusserst sophistische Verfahren

des Aesch., welcher 121—23 die Zeit der ersten und zweiten Gesandtschaft absichtlich, um die Richter zu täuschen, durch einander wirft (vgl. meine Inaug. Diss. 62 ff.), dazu gebracht, dagegen eine Vertheidigung zu entwerfen, ebenso wie 234 ff. zur Vertheidigung gegen diese Stelle und gegen 44 dienen soll. Daher sind die Worte 211 ff. eine genaue Umkehrung derjenigen des Aesch. Man vgl. Dem. τῆς προτέρας ἐκείνης πρεσβείας ἧς οὐδεὶς κατηγόρει δοὺς λόγον οὐκέτ᾽ ἐβούλετ᾽ αὖθις εἰςιέναι περὶ ταύτης ἧς νῦν εἰςέρχεται, ἐν ᾗ πάντα τἀδικήματ᾽ ἐνῆν und Aesch. ᾗς γάρ με ἐν μὲν τῇ πρώτῃ πρεσβείᾳ λαθεῖν σαυτὸν συνεστηκότα ἐπὶ τὴν πόλιν, ἐν δὲ τῇ ὑστέρᾳ αἰσθέσθαι ἐν ᾗ συναγορεύων μοι φαίνει. κἀκείνης μὲν ἅμα κατηγορῶν οὐ ᾗς κατηγορεῖν, τῆς δ᾽ ἐπὶ τοὺς ὅρκους κατηγορεῖς — ἐν ᾗ ᾗς τὰ τῶν Ἑλλήνων πράγματα ἀνατραπῆναι. — οὐκοῦν ἡ μὲν προτέρα πρεσβεία τὸν καιρὸν τοῦτον εἶχεν, ἡ δ᾽ ὑστέρα ἐπὶ πεπραγμένοις ἐγίγνετο.
Sodann, glaube ich, hat der Vf. eine bestimmte Aufforderung zur Abfassung dieses Stücks von der Rechenschaftsablage des Dem. in Dem. de cor. 117 gefunden. Dem. führt hier aus, dass er Rechenschaft abgelegt habe und frägt den Aesch., weshalb er seine Klage nicht damals als ihn die Logisten zu derselben vorforderten, unternommen habe. Es heisst dort: καὶ δέδωκα γ᾽ εὐθύνας ἐκείνων, οὐχ ὧν ἐπέδωκα. νὴ Δί᾽ ἀλλ᾽ ἀδίκως ἦρξα! εἶτα παρών, ὅτε μ᾽ εἰςῆγον οἱ λογισταί, οὐ κατηγόρεις. Hatte sich unserm Vf. die Ueberzeugung eingeprägt, dass Dem. auch wegen seiner Gesandtschaft Decharge erhalten hatte, so konnte ihn jene in der Rede de cor. angeführte Thatsache, welche für des Dem. Beweisführung wichtig ist, sehr wohl veranlassen, auch in die περὶ παραπρ. dieselbe einzufügen, wenn auch in anderer Form. Inhaltlich haben diese beiden Thatsachen die grösste Aehnlichkeit, vgl. die Worte 213 εἰ γὰρ εἶχεν, τότ᾽ ἂν καὶ λέγων καὶ κατηγορῶν ἐξητάζετο, οὐ μὰ Δί᾽ οὐκ ἀπηγόρευε καλεῖν mit den obigen der Rede de cor.

Recapituliren wir also die Bedenken gegen die 211 f. gegebene Erzählung, so ist sie zunächst innerlich sehr unwahrscheinlich. Die zweite Gesandtschaft war so bestimmt von der ersten als selbständige unterschieden, dass es Aesch. gar nicht in den Sinn kommen konnte, eine Rechenschaftsablage über dieselbe zu verweigern; nur ein späterer Schriftsteller, der die Reden nach Material für seine rhetorischen Exercitien durchstöberte, konnte aus Missverständniss auf diesen Gedanken kommen. Sodann wird das Ganze durch unsere Reden selbst als unwahr widerlegt, da sich aus denselben auf das bestimmteste ergiebt, dass die Gesandtschaft als solche, in Gemeinschaft, Rechenschaft abzulegen hatte und dass daher noch Niemand, auch Dem. nicht, Decharge erhalten hatte. Ein Versuch daher des Dem., allein Rechenschaft abzulegen, ist undenkbar: auch hier hat der Vf. wieder diese Ansicht aus der Rede des Dem. selbst und dessen Standpunkt dem Aesch. und den andern Gesandten gegenüber entlehnen zu müssen geglaubt. Für unsere Stelle selbst haben wir Aesch. 2, 121 ff. als Quelle erkannt, aus der der Vf. missverständlich seine Erzählung geschöpft hat. Endlich ist noch einmal daran zu erinnern, dass, wenn die Erzählung wirklich wahr wäre, sie in der That ein äusserst gravirendes Moment gegen Aesch. bilden würde und dass Dem. dasselbe ganz gewiss nicht in seine Ausführung 201 ff. eingeschachtelt, versteckt und nebensächlich, sondern durchaus selbständig im Verlaufe der eigentlichen Beweisführung gegeben haben würde. Zu beachten ist auch noch der grammatische Schnitzer οὐ μὰ Δί᾽ οὐκ ἀπηγόρευε καλεῖν für μὴ καλεῖν.

213 ἀλλὰ μήν — 214 bilden einen eingeschobenen Gedanken: wenn Aesch. etwas ἔξω τῆς πρεσβείας gegen Dem. vorbringt, so sollen die Richter nicht auf ihn hören. Wenn auch 213 bis auf das ungrammatische ἀπολογήσεται ohne Anstoss fortschreitet, so enthält dagegen 214 einen Gedanken, den man wegen seiner Gesuchtheit als entschieden undemosthen. bezeichnen muss. Dem. führt nemlich den Richtern zu Gemüthe, was wohl Philipp als Richter thun würde, wenn Aesch. Ankläger, Dem. Angeklagter wäre und dieser dann seinen Gegner mit Schmähungen überhäufte: er würde ein solches Verfahren gegen einen Wohlthäter sehr zornig aufnehmen: die Athener sollen nicht schlechter sein als Philipp. Man muss gestehen, dass ein solcher völlig in der Phantasie des Redners schwebender Fall ohne jeden Eindruck bleiben muss. Dazu kommt die verschrobene Construction des ganzen Satzes, welcher folgende Form hat: εἰ ἐκρινόμην ff. — οὐκ ἂν οἴεσθε καὶ κατ᾽ αὐτὸ τοῦτά ἀγανακτῆσαι τὸν Φίλιππον, εἰ παρ᾽ ἐκείνῳ — λέγει. Voemel zieht allerdings nach der L. A. geringerer Hdschr. λέγοι vor, aber sowohl Σ als Laur S. haben λέγει und auch λέγοι würde unpassend sein. Es scheint, als ob der Vf. mit οὐκ ἂν οἴεσθε einen neuen Satz beginnen wolle, dessen ἀπόδοσις in λέγει zu suchen ist, wodurch aber der Satz εἰ ἐκρινόμην ff. völlig in der Luft schweben

bleibt. Ich habe schon oben das doppelt geschriebene Μάρτυρες und Μαρτυρία erwähnt, welches sich nach den ersten Worten von § 213 und nach 214 findet, und welches ich durch nachträgliche Einschiebung des Stücks ἀλλὰ μήν — 214 fin. erklärt habe. 215 knüpft unmittelbar an die Schlussworte von 212, sowie überhaupt an das 211 f. erzählte an. Trotzdem durch die vom Vf. in den vorhergehenden Paragraphen aufgezählten Thatsachen bewiesen wird, dass Aesch. niemals vorher den Einwand erhoben hat, welcher 201 ff. als προκατάληψις vorgebracht wird, wird derselbe dennoch erhoben werden, denn: alle Angeklagten ἀναισχυντοῦσιν, ἀρνοῦνται, ψεύδονται, προφάσεις πλάττονται, πάντα ποιοῦσιν ὑπὲρ τοῦ μὴ δοῦναι δίκην. Auch in diesen asyndetisch verbundenen Gliedern vermisst man jede Steigerung des Ausdrucks. Vielleicht ist es eine absichtliche Aenderung wenn Sopat. das ψεύδονται auslässt Schol. εἰς στάσ. IV, 232. Dem. de cor. 121 sagt: λόγους πλάττεις —. Mit 215 kehrt übrigens der ganze Gedankengang zu seinem Ausgangspunkte zurück. Das Thema des 201—5 aufgestellten Einwandes des Aesch. ὡς ἄρ' ἐγὼ πάντων ὧν κατηγορῶ κοινωνὸς γέγονα wird 206 ff. widerlegt dadurch, dass Dem. zeigt, dieser Einwand sei früher niemals von Aesch. erhoben, obgleich Dem. ihm den Vorwurf der Verrätherei stets gemacht habe, und zwar sei er von Aesch. nicht erhoben a) ἐν πάσαις ἐκκλησίαις 207 f. b) πρώην ἐν Πειραιεῖ 209 f. c) als Dem. sich zur Rechenschaftsablage meldete 211 f. 213 f. bilden sodann, wie oben bemerkt, einen eingeschobenen Gedanken, der in seiner Ausführung sicher auf einen andern Vf. zurückgeht. 215 zieht Dem. den Schluss aus den drei Thatsachen 207 f. 209 f. 211 f., dass aus dem frühern Schweigen von einem solchen Einwurfe die Unrichtigkeit desselben sich ergebe. Dennoch aber wird Aesch. ihn vorbringen, weil er eben nichts anderes hat zu seiner Vertheidigung. Und nun folgt 216—20 ein Rath an die Richter, wie sie sich solchen Reden des Aesch. gegenüber benehmen sollen; derselbe besteht darin, dass sie weder auf des Dem. noch des Aesch. Reden hören, sondern selbständig nach ihrem eigenen Wissen ihre Entscheidung treffen sollen. Ein solcher Gedanke ist völlig schief: nirgends und niemals wird ein Redner sagen: hört weder auf meine noch auf meines Gegners Stimme, sondern: hört unser beider Reden unparteiisch an und dann sprecht die Wahrheit. Vgl. die Worte des Dem. im Anfang der Rede de cor. (2) ἀλλὰ τοὺς νόμους καὶ τὸν ὅρκον ἐν ᾧ πρὸς ἅπασι τοῖς *ἄλλοις δικαίοις καὶ τοῦτο γέγραπται, τὸ ὁμοίως ἀμφοῖν ἀκροάσασθαι.* Und dieser Gedanke, der schon an und für sich durchaus unpassend ist, wird im Munde des Dem. noch unpassender: wer zwang ihn denn zu sprechen? Wäre er nicht als Kläger aufgetreten, so wäre die Sache von den Euthynen trotzdem verhandelt worden und wenn er nur das eigene Wissen dieser als entscheidend für den Process aufstellt, so war sein Auftreten völlig unnöthig. Der Vf. unsers Stücks hat offenbar das Wort des Aesch. in seiner Entgegnungsrede 1 corrigiren wollen, wonach Dem. gesagt haben soll, die Richter sollten die Stimme des Angeklagten nicht hören. Der Vf. will hier dieses von Dem. entweder wirklich gesagte oder ihm nur untergeschobene Wort in Seinem Sinne verbessern und glaubt auf diese Weise den Dem. als ein Muster von Unparteilichkeit zu erweisen, ohne einzusehen, dass damit der ganze Gedanke völlig platt wird. Auch der Gedanke *μηδέ γε τοῖς μάρτυσιν οὓς οὗτος ἑτοίμους ἕξει μαρτυρεῖν ὁτιοῦν Φιλίππῳ χορηγῷ χρώμενος (ὄψεσθε δ' ὡς ἑτοίμως αὐτῷ μαρτυρήσουσιν)* findet sich sonst nicht bei Dem.: der Vf. entnimmt denselben der Rede des Aesch. selbst, indem er die Zeugnisse daselbst, die auf den ersten Blick meist den Zeugnissen des Dem. zu widersprechen scheinen, einfach für falsch hält. In dem Ausdrucke selbst *Φιλίππῳ χορηγῷ χρώμενος* lehnt der Vf. sich an Phil. III, 60 *συστραφέντες δ' ἄνθρωποι πολλοὶ καὶ χορηγὸν ἔχοντες Φίλιππον* — an. In den Worten *μηδέ γ' εἰ καλὸν καὶ μέγ' οὗτος φθέγξεται μηδ' εἰ φαῦλον ἐγώ* kommt der Vf. wieder auf die so oft von ihm behandelte Stimme des Aesch. zurück, vgl. 206, 208 und später.

217. *οὐδέ* unrichtig hier für *οὐ*. In *ἐξετάσαντες* (zu *ἀπώσασθαι* gehörig) fällt der Vf. wieder aus der Construction.

218—20 gehören eng zusammen: es wird hier wieder in zweifacher Reihe Alles aufgezählt, was Aesch. in Bezug auf Phil. verheissen und was im Gegensatz dazu erfolgt ist; nichts neues, wohl aber das alte grossentheils in alter Form. Eine wörtliche Entlehnung findet sich in den Worten *καὶ ἐν Εὐβοίᾳ κατασκευασθησόμεν' ὁρμητήρι' ἐφ' ὑμᾶς* aus 326: *ὁρμητήρι' ἐφ' ὑμᾶς ἐν Εὐβοίᾳ Φίλιππος προςκατασκευάζεται.* Dem. spricht von demselben Gegenstand de cor. 71 *ὁ τὴν Εὔβοιαν ἐκεῖνος σφετεριζόμενος καὶ κατασκευάζων ἐπιτείχισμ' ἐπὶ τὴν Ἀττικήν* —. Phil. 3, 17: *ἐν Εὐβοίᾳ τυραννίδα κατασκευάζοντα* —. 18 *τῆς Εὐβοίας τὸν πολεμοῦνθ' ὑμῖν γενέσθαι κύριον* —. 28:

αἱ δ' ἐν Εὐβοίᾳ πόλεις οὐκ ἤδη τυραννοῦνται καὶ ταῦτα ἐν νήσῳ πλησίον Θηβῶν καὶ Ἀθηνῶν; vgl. auch 33. Phil. 4, 8 τυραννίδα ἀπαντικρὺ τῆς Ἀττικῆς ἐπετείχισεν ὑμῖν ἐν τῇ Εὐβοίᾳ —. Man sieht wie frei Dem. in der Schilderung desselben Gegenstandes verfährt: derselbe Gedanke erscheint in immer wechselnden Ausdrücken. Wörtlich übereinstimmend ist ausser unserer Stelle mit 326 nur de Cherson. 66 κατασκευάζοντος ὑμῖν ἐπιτείχισμα τὴν Εὔβοιαν mit der o. a. Stelle de cor. 71. Aber diese Stelle der Rede de Cherson. ist nach Spengels sehr beachtenswerther Vermuthung (a. a. O. 307) gleichfalls nicht Demosthenisch. Im Uebrigen vgl. z. u. St. besonders 326 (de f. l.) und das zu 334 zu Bemerkende. Ein neues Detail ist nur das σῖτον εὔωνον ὠνούμενοι 218. Nun war das allerdings gerade für Athen sehr wichtig, in der Zufuhr des Getraides keine Hemmnisse zu erfahren, aber nach den Worten μήτ' ἐν τῇ χώρᾳ τῶν πολεμίων ὄντων μήτ' ἐκ θαλάττης πολιορκούμενοι μήτ' ἐν ἄλλῳ μηδενὶ δεινῷ τῆς πόλεως οὔσης war doch die Hinzufügung dieses Details, das im Grunde schon in μήτ' ἐκ θαλάττης πολιορκούμενοι enthalten war, unpassend. Woher hat der Vf. dieses? Dem. schildert die Lage Philipps 153: οὔτε γὰρ κατὰ γῆν παρελθὼν οὔτε ναυσὶ κρατήσας εἰς τὴν Ἀττικὴν ἥξειν ἔμελλεν und sodann: ὑμεῖς δέ—κλείσειν τὰ ἐμπόρια καὶ χρημάτων ἐν σπάνει und 123: οὔτε γὰρ σῖτος ἦν ἐν τῇ χώρᾳ ἀσπόρῳ — οὐδ' ἡ σιτοπομπία δυνατή. Vgl. auch de cor. 86 σίτῳ — πλείστῳ χρώμεθ' ἐπειςάκτῳ —. Zur Schilderung der Lage Philipps war die Hervorhebung dieses speciellen Punkts durchaus nothwendig, da er allein im Stande war, Philipp wieder aus Phokis zu vertreiben; unser Vf. aus der Schilderung der Lage Philipps den Stoff zur Schilderung der Lage Athens nehmend, führt diesen Punkt gleichfalls an, obgleich derselbe nach den Worten μήτ' ἐκ θαλάττης πολιορκούμενοι völlig unnöthig war.

221 beginnt ein völlig neuer Gedanke, eine zweite προκατάληψις. Hat die erste das Thema behandelt: Aesch. wird sagen, ich habe an Allem theil genommen, so wird in dieser dargelegt, Aesch. werde sagen, Dem. habe aus Feigheit die Klage erhoben. Jene erste προκατάληψις hält den Standpunkt fest, dass alles dieses, an dem theilgenommen zu haben Aesch. dem Dem. vorwirft, schlecht sei, denn Dem. sagt ausdrücklich in Bezug hierauf: ἔστι δ' ὑπὲρ μὲν τῶν πεπραγμένων οὔτε δικαία οὔτε προςήκουσ' ἡ τοιαύτη ἀπολογία, ἐμοῦ μέντοι τις κατηγορία (ἐγὼ μὲν γὰρ

εἰ ταῦτα πεποίηκα φαῦλος εἰμ᾽ ἄνθρωπος) τὰ δὲ πράγματ᾽ οὐδὲν βελτίω διὰ τοῦτο. Hier 221 wird plötzlich ein ganz anderer Standpunkt eingenommen: es ist überhaupt gar kein Unrecht auf der Gesandtschaft geschehen, weder von Aesch. noch von Dem., denn das liegt in den Worten: καίτοι μηδενός γ᾽ ὄντος, Αἰσχίνη, δεινοῦ μηδ᾽ ἀδικήματος ὡς σὺ φῄς. Mit diesen wenigen Worten ist der Einwurf erledigt: ἐφοβοῦ περὶ σαυτοῦ, καὶ διὰ δειλίαν, ταύτην ἡγήσω σωτηρίαν. Ist überhaupt nichts unrechtes geschehen, was strafwürdig, so braucht man auch nichts zu fürchten. Zunächst ist hiergegen zu sagen, diese beiden Einwände des Aesch., welche von geradezu entgegengesetzten Standpunkten ausgehen und sich unmittelbar folgen, sind unpassend, weil sie sich ausschliessend doch beide dem Aesch. in den Mund gelegt werden. Völlig unpassend aber ist es, wenn der Vf. nun mit den Worten εἰ γὰρ αὖ ταῦτ᾽ ἐρεῖ, σκοπεῖτ᾽ ἄνδρες δικασταί, εἰ, ἐφ᾽ οἷς ὁ μηδ᾽ ὁτιοῦν ἀδικῶν ἐφοβούμην ἐγὼ μὴ διὰ τούτους ἀπόλωμαι, τί τούτους προςῆκει παθεῖν τοὺς αὐτοὺς ἠδικηκότας. Damit hebt Dem. selbst das, womit er des Aesch. Einwurf unmittelbar vorher vernichtet hat, wieder auf. Will man aber die Worte καίτοι μηδενός γ᾽ ὄντος ff, nur als kurz hingeworfene Bemerkung, nicht als die eigentliche Widerlegung des Einwurfs fassen, so müsste man dieselbe in diesem letzten Satze selbst suchen, der aber nichts als eine rhetorische Phrase enthält. Die Ungeschicktheit oder Flüchtigkeit des Vf. zeigt sich auch wieder in der Construction des Satzes selbst: σκοπεῖτ᾽ ff.; der Vf. hat zuerst den von σκοπεῖτε abhängigen Satz mit εἰ geben wollen, hat dieses aber nach dem Zwischensatze ἐφ᾽ οἷς vergessen und fängt von Neuem mit τί an. Was Voemel zur Vertheidigung dieser Construction sagt, ist völlig unzutreffend; eine Vergleichung derselben mit der so häufigen engen Verbindung eines pron. relat. und interrogat. in demselben Satze passt nicht, denn hier wird derselbe Satz zweimal interrogative, das eine Mal direct, das andere Mal indirect, begonnen.

222 bringt einen dritten Einwurf: Dem. hat die Klage begonnen, um Geld von Aesch. zu erpressen. Aesch nennt den Dem. allerdings συκοφάντην, aber nur in dem allgemeinen Sinne eines falschen Anklägers: κἂν μὴ — ἐλέγξω καὶ τὴν αἰτίαν οὖσαν ψευδῆ καὶ τὸν τολμήσαντ᾽ εἰπεῖν ἀνόσιον καὶ συκοφάντην (5) und ähnlich auch sonst; vgl. auch Dem. de cor. 113 und öfter.

Der Vf. nimmt hier das Wort mit der speciellen Nebenbedeutung des Gelderpressungsversuchs. Ein Rhetor konnte auch diesen Einwurf ausfindig machen und ihn zu widerlegen suchen. In Wirklichkeit aber ist weder Aesch. noch Dem. auf diesen Gedanken gekommen: das ist denn doch beiden und ganz gewiss Allen Athenern klar gewesen, dass es sich in diesem Processe nicht um solche kleinlichen gewöhnlichen Motive handle, sondern um grosse politische Gegensätze, um tief einschneidende Principien. Wir dürfen sagen, dass 221 und 222 äusserst dürftig sind, sowohl was die Gedanken selbst, als die Ausführung betrifft; von der Demosth. Kraft, die des Gegners mögliche Einwände anführt, um dieselben nicht nur zu vernichten, sondern sie zu Keulen zu machen, die auf des Eigenthümers eigenes Haupt zermalmend zurückfallen, ist hier auch nicht die leiseste Spur. Vgl. über ein solches echt Demosthenisches *εἶδος λύσεως* Hermogen. *περὶ εὑρεσ. γ'*, 3 (*περὶ βιαίου*) (III, 104 ff.) Marcellin. in *σχόλ. εἰς στάσ.* (IV, 614). Ueber die auch hier wieder erwähnte Lösung der Gefangenen *ἐκ τῶν ἰδίων* macht schon Theon Progymn. 1, 5 (I, 156) die Bemerkung, dass Dem. sich selbst vielfach wiederhole. Vgl. auch Alexand. *περὶ σχημάτ.* 1, 2 (VIII, 433).

Nach den drei *προκαταλήψεις* 201—20, 221. 222 folgt unmittelbar an 201 ff. anknüpfend mit 223 die Darlegung des Gedankens, weshalb Dem. in Wahrheit die Klage erhoben habe. Das Ganze ist die weitere Ausführung des von Dem. in wenigen Worten 188 ausgesprochenen Gedankens: *νὴ Δί' εἴτε βούλομαι γ' εἴτε μή, παρ' ὅλην μὲν τὴν ἀποδημίαν ὑπὸ σοῦ τοιαῦτ' ἐπιβεβουλευμένος, δνοῖν δ' αἱρέσεως οὔσης μοι νυνί ἢ τοιούτων ὄντων τῶν πεπραγμένων δοκεῖν κοινωνεῖν ὑμῖν ἢ κατηγορεῖν.*

Die Gliederung *ἀλλ' ἀπήγγειλα μὲν τἀληθῆ καὶ ἀπεσχόμην τοῦ λαβεῖν τοῦ δικαίου καὶ τῆς ἀληθείας εἵνεκα καὶ τοῦ λοιποῦ βίου* ist unpassend: jedenfalls war als drittes Glied noch die correcte Amtsführung der Gesandtschaft selbst zu nennen. Im Ganzen ist der Fortschritt des Gedankens passend: im ersten Satze spricht der Vf. von dem Zwecke, welchen er bei seinem Verhalten im Auge gehabt hat, *τὴν πρὸς ὑμᾶς φιλοτιμίαν*. Im folgenden *μισῶ* ff. motivirt er seinen Hass gegen die Mitgesandten, weil durch dieselben jener Zweck, welchen Dem. im Auge hatte, hintertrieben ist: nur muss es hier auffallen, dass während die *φιλοτιμία* des ersten Satzes ganz im Allgemeinen die Ehre, den Ruf berücksichtigt, im folgenden die $φιλοτιμίαι$ in ganz anderm Sinne als die kleinen Ehren erscheinen, deren Dem. durch seine Mitgesandten beraubt ist: Bekränzung, öffentliche Speisung im Prytaneum u. dgl. Dem. aber nimmt in seiner Rede einen viel höhern, idealern Standpunkt ein, als dass man glauben könnte, der Zorn über die Entziehung dieser unbedeutenden Ehrenbezeugungen sei wirklich ein Motiv für seine Handlungsweise gewesen. In $κατηγορῶ$ ff. kommt der Vf. dann endlich auf das Thema, welches genau 188 in den schon angeführten Worten enthalten ist und welches 224 ff. ausgeführt wird. Auffallend ist $ἐπὶ τὰς εὐθύνας ἥκω$: der Sinn dieser Worte scheint nur der sein zu können, dass hier die Rechenschaftsablage der Gesandtschaft überhaupt gemeint ist: damit scheint der Vf. aus seiner eigenen Anschauung, wonach Dem. schon Rechenschaft abgelegt hat, herauszufallen. $ὅτι τἀναντί' ἐμοὶ καὶ τούτοις πέπρακται$ ist eine sehr beliebte Formel unsers Vf. Was nun die Ausführung des Gedankens, Dem. erhebe Klage gegen seine Mitgesandten, um für die Zukunft sich sicher zu stellen, betrifft, so ist dieselbe unzweifelhaft Dem. Phil. II, 28 ff. entlehnt, eine Stelle die unser Vf. mehrmals benutzt hat. Hier nemlich am Schluss seiner Rede wendet sich Dem. gegen $τοὺς ὅτ' ἐγὼ γεγονυίας ἤδη τῆς εἰρήνης ἀπὸ τῆς ὑστέρας ἥκων πρεσβείας τῆς ἐπὶ τοὺς ὅρκους, αἰσθόμενος φενακιζομένην τὴν πόλιν, προὔλεγον καὶ διεμαρτυρόμην καὶ οὐκ εἴων προέσθαι Φύλας οὐδὲ Φωκέας, λέγοντας$ ff. Unser Vf. sucht im Ausdrucke durchaus original zu bleiben, während er den Gedankengang ängstlich genau copirt.

Nachdem der Vf. 223 fin. erklärt hat, dass die Rücksicht auf $τὸ μέλλον$ ihn zur Erhebung der Klage veranlasst habe, fügt er 224 hinzu: $καὶ δέδοικα$, (die $ἀναδίπλωσις$ ist eine sehr beliebte rhetorische Form unsers Vf.) ($εἰρήσεται γὰρ πάνθ' ἃ φρονῶ πρὸς ὑμᾶς$), $μὴ τότε μὲν συνεπισπάσησθ' ἐμὲ τὸν μηδ' ὁτιοῦν ἀδικοῦντα, νῦν δ' ἀναπεπτωκότες ἦτε$. So unzweifelhaft dieses $τότε$ bestimmt ist, das $τὸ μέλλον$ zu erklären, so bestimmt muss man doch die ganze Ausdrucksweise sehr unklar nennen. Sehen wir Phil. II, 31 ff. an, so findet sich hier das Vorbild unserer Stelle, aber wie klar und schön ist hier Alles! Was zunächst die Worte $καὶ δέδοικα$ ff. betrifft, so heisst es dort: $τί δὴ ταῦτα νῦν λέγω καὶ καλεῖν φημὶ δεῖν τούτους$ (scl. die Gesandten); $ἐγὼ νὴ τοὺς θεοὺς τἀληθῆ μετὰ παρρησίας ἐρῶ$

πρὸς ἡμᾶς καὶ οὐκ ἀποκρύψομαι — vgl. auch de f. l. 96. Nachdem Dem. Phil. 2, 32 sodann auseinander gesetzt, weshalb er nicht die Vorforderung der Gesandten wünsche, setzt er hinzu: ἀλλ' οἴομαί ποθ' ὑμᾶς λυπήσειν ἃ Φίλιππος πράττει μᾶλλον ἢ τὰ νυνί· τὸ γὰρ πρᾶγμ' ὁρῶ προβαῖνον, καὶ οὐχὶ βουλοίμην μὲν ἂν εἰκάζειν ὀρθῶς, φοβοῦμαι δὲ μὴ λίαν ἐγγὺς ᾖ τοῦτ' ἤδη. ὅταν οὖν μηκέθ' ὑμῖν ἀμελεῖν ἐξουσία γίγνηται τῶν συμβαινόντων, μηδ' ἀκούηθ' ὅτι ταῦτ' ἐφ' ὑμᾶς ἐστιν ἐμοῦ μηδὲ τοῦ δεῖνος, ἀλλ' αὐτοὶ πάντες ὁρᾶτε καὶ εὖ εἰδῆτε ὀργίλους καὶ τραχεῖς ὑμᾶς ἔσεσθαι νομίζω. φοβοῦμαι δὴ μὴ τῶν πρέσβεων σεσιωπηκότων, ἐφ' οἷς αὑτοῖς συνίσασι δεδωροδοκηκόσι, τοῖς ἐπανορθοῦν τι πειρωμένοις τῶν διὰ τούτους ἀπολωλότων ἡ παρ' ὑμῶν ὀργὴ περιπεσεῖν συμβῇ. ὁρῶ γὰρ ὡς τὰ πολλὰ ἐνίους οὐκ εἰς τοὺς αἰτίους ἀλλ' εἰς τοὺς ὑπὸ χεῖρα μάλιστα τὴν ὀργὴν ἀφιέντας. Es war nöthig die ganze Stelle auszuschreiben, um zu zeigen, wie klar der Gedanke hier entwickelt wird. Die Zukunft wird den Athenern hier eingehend geschildert und durch ὅταν sodann aufgenommen, während unser Vf. mit τὸ μέλλον sich abfindet und durch τότε darauf zurückweist. Der Gedanke, welcher sodann im Folgenden ausgesprochen wird, ist derselbe; zu beachten sind aber die gesuchten schwerfälligen Ausdrücke: μὴ τότε μὲν συνεπισπάσησθ' ἐμὲ τὸν μηδ' ὁτιοῦν ἀδικοῦντα, νῦν δ' ἀναπεπτωκότες ἦτε. παντάπασι γὰρ ἄνδρες Ἀθηναῖοι ἐκλελύσθαι μοι δοκεῖτε καὶ παθεῖν ἀναμένειν τὰ δεινά. Vgl. hierzu schon die Bemerkung des Hermogen. περὶ ἰδ. ά, 7, 93 (III, 236). Schief ist aber der Gegensatz: ἑτέρους δὲ πάσχοντας ὁρῶντες οὐ φυλάττεσθαι οὐδὲ φροντίζειν τῆς πόλεως πάλαι κατὰ πολλοὺς καὶ δεινοὺς τρόπους διαφθειρομένης. Was hier das ἑτέρους πάσχοντας ὁρῶντες heissen, oder vielmehr worauf es sich beziehen soll, ist völlig unklar. Man erwartet den Gedanken, dass, wenn einmal das leichtsinnig nicht beachtete Unglück über die Stadt hereinbricht, der Zorn sich gegen die Unschuldigen, die Ersten Besten richtet (τοὺς ὑπὸ χεῖρα): denn dieser Satz, mit παντάπασι γάρ eingeleitet, soll nur die weitere Ausführung und Begründung der im Vorhergehenden ausgesprochenen Ueberzeugung sein. Nach der engen Verbindung der Worte ἑτέρους δὲ πάσχοντας ὁρῶντες οὐ φυλάττεσθαι sollte man zunächst an die Erklärung denken, dass die Athener aus dem fremden Unglück sich keine Lehre nehmen, sondern trotzdem in ihrem

Leichtsinn beharren: aber zu einer solchen Erklärung bietet weder das Vorhergehende noch Nachfolgende irgend einen Anhalt. Der Pseudo-Dem. will nun ohne Zweifel in ἑτέρους πάσχοντας ὁρῶντες auf sich selbst anspielen, er vergisst aber dabei völlig das, was er im Vorhergehenden gesagt hat. Denn dort hat er von der Zukunft gesprochen: wenn es den Athenern einst übel gehen wird, dann wird er selbst darunter zu leiden haben; hier aber spricht er von der Gegenwart und da ist von einem πάσχειν noch nicht die Rede, Auch ist an und für sich der Gegensatz von Ἀϑηναῖοι überhaupt, die also hier den gesammten athenischen Staat repräsentiren, und ἕτεροι, die doch nur wieder Einzelne Athener sein können, völlig incorrect. Aus derselben Ansicht von dem unpassenden ἑτέρους mag auch die Variante πόρρωϑεν δ᾽ ὁρῶντες entstanden sein, welche sich Tiber. de schemat. Dem. 4 (VIII, 532) findet. Mir ist es nicht unwahrscheinlich, dass dem Vf., der soeben Phil. II benutzt hatte, die dort den Athenern drohend angeführten Exempel vor Augen schwebten, durch welche Dem. sie aus ihrer trägen Sorglosigkeit aufzuschrecken suchte.

225. Der Vf. ist in den letzten Worten οὐδὲ φροντίζειν τῆς πόλεως πάλαι κατὰ πολλοὺς καὶ δεινοὺς τρόπους διαφϑειρομένης auf die gegenwärtige Lage der Stadt eingegangen, wodurch eben das später zu erwartende Unglück vorbereitet wird. Im Folgenden wird nun ein Beispiel, welches die Worte τῆς πόλεως πάλαι κατὰ πολλοὺς καὶ δεινοὺς τρόπους διαφϑειρομένης begründen soll, angeführt. Das Beispiel besteht darin, dass Pythokles, mit dem sich Dem. früher recht gut stand, jetzt ἀφ᾽ οὗ πρὸς Φίλιππον ἄφῖκται ihn vermeidet. Dieses Beispiel ist geradezu lächerlich: es ist ohne irgend welche Beweiskraft, trotzdem der Vf. durch die hochtönenden Phrasen οὐκ οἴεσϑε δεινὸν εἶναι καὶ ὑπερφυές; καὶ γὰρ εἴ τι σιωπᾶν ἐγνώκειν λέγειν ἐξάγομαι, welche den Mund so voll nehmen, als ob sie ein Todesurtheil gegen den Gegner enthielten, diesen Fall einleiten. Der Vf. sucht das fehlende Gewicht durch Auftragen greller Farben zu ersetzen: Pythokl. vermeidet den Dem. überall; wo er aber gezwungen ist mit ihm zusammen zu treffen, ἀπεπήδησεν εὐϑέως μή τις αὐτὸν ἴδῃ λαλοῦντ᾽ ἐμοί. Was den Ausdruck betrifft, so ist der aor. hier unpassend, die Sache selbst anlangend glaube ich kaum, dass man dem Dem. eine solche Zudringlichkeit zutrauen darf, dass er den Pythokl., sobald er sich von dessen Uebergang ins philippische Lager überzeugt

und einmal bemerkt hatte, wie ängstlich sich Pythokl. von ihm zurückzog, öfter dieser Gefahr sollte ausgesetzt haben. Nicht blos, dass Dem. selbst im Punkte der Ehre äusserst empfindlich war; seine ganze Politik, sein principieller Gegensatz zwang ihn schon, seine Opposition gegen die vaterlandsverrätherische Partei auch äusserlich aufs schärfste hervorzukehren, wie er dieses selbst hervorhebt. Die Worte μετὰ δ᾽ Αἰσχίνου περιέρχεται τὴν ἀγορὰν κύκλῳ καὶ βουλεύεται lassen uns nun aber die Quelle erkennen, aus welcher der Vf. bei der Composition dieses Paragraphen geschöpft hat: es sind die Worte ἴσα βαίνων Πυθοκλεῖ 314. Hier schildert Dem. in wahrhaft meisterhaften Zügen das äussere Erscheinen des Aesch., sein hochtrabendes, gespreiztes Auftreten und hier finden sich die Worte καὶ διὰ τῆς ἀγορᾶς πορεύεται θοἰμάτιον καθεὶς ἄχρι τῶν σφυρῶν, ἴσα βαίνων Πυθοκλεῖ, τὰς γνάθους φυσῶν ff. Diese Schilderung und gerade die Worte ἴσα βαίνων Πυθοκλεῖ haben sich eines solchen Rufs zu erfreuen gehabt, dass sie sprichwörtlich geworden sind. Es ist klar, dass, wie der ganze Context ergiebt, sie nichts anderes bedeuten können, als eine bestimmte Art des Schreitens, denn die ganze Schilderung hat es nur mit Aeusserlichkeiten zu thun: er zieht die Augenbrauen in die Höhe, mag sich nicht mehr mit dem Titel γραμματεύς nennen lassen, lässt sein Gewand bis auf die Fersen herabwallen und bläst die Backen auf. Wenn in diese Einzelheiten das ἴσα βαίνων Πυθοκλεῖ eingeschoben ist, so darf man schon der ganzen Schilderung entnehmen, dass hier von einer Aeusserlichkeit die Rede ist, nicht aber wie Buttmann will (in Friedemann's Misc. crit. II, 49 ff.) von dem Umgange mit Pythokles. Nach ihm nemlich soll das ἴσα βαίνων nichts anderes sein als „gleichen Schritt haltend" und das zufällige Hinzufügen von Πυθοκλεῖ hierselbst hätte den Posidonius Athen 5, 47 ff. und Alkiphr. 3, 56 verführt, das Sprichwort, welches eigentlich nur die Worte ἴσα βαίνειν enthielt, auf das Πυθοκλεῖ auszudehnen. Aber die Anführung der Worte von Seiten der Lexicographen Harpocr. Suid. Phot. Bekk. An., die ausdrückliche Hervorhebung der ganzen Redensart als einer sprichwörtlichen von Minucian. de argum. 2 fin. und ähnlich von Demetr. de elocut. § 269 zwingt uns, wie auch der ganze Text des Dem. an der betr. Stelle zeigt, in ἴσα βαίνων Πυθοκλεῖ die sprichwörtliche Redensart zu sehen. Nun findet sich allerdings bei den Lexicogr. dieser Ausdruck folgendermassen erklärt: Suid. ἀντὶ τοῦ συνὼν ἀεὶ καὶ μὴ βραχὺ ἀφιστάμενος;

Phot. Harpocr. ebenso; Bekk. An. ἀντὶ τοῦ μετὰ Π. ἀναστρεφόμενος. Aber wir dürfen diese Erklärung resp. Erklärungen aufs allerbestimmteste als falsch bezeichnen; Dem. selbst, Posidon. (vgl. dessen Worte a. a. O. 51: καὶ παρελθὼν ὁ περιπατητικὸς εἰς τὴν ὀρχήστραν ἴσα βαίνων Πυθοκλεῖ εὐχαρίστησε —), die Anführung des Minucian., der die Worte ἴσα βαίνων Πυθοκλεῖ, τὰς γνάθους ᾀσῶν sprichwörtlich nennend durch diese Zusammenstellung der beiden Sätze nur jenen oben angeführten Sinn darin finden kann, sind so vollgültige Beweise der Erklärung der Lexicographen gegenüber, die aus Einer gemeinschaftlichen Quelle zu schöpfen scheinen, dass kein Zweifel sein kann, ἴσα βαίνων Πυθοκλεῖ sei das sprichwörtlich gewordene geflügelte Wort des Dem. und bezeichne eine bestimmte Art des Einherschreitens, ein hochbeiniges, sich spreizendes Gehen, wie es dem in Athen allgemein bekannten Pythokles eigen war und nun auch seinem Gesinnungsgenossen Aesch. beigelegt wird.

Aber es findet sich die Redensart ἴσα βαίνειν in der Bedeutung „genauen Verkehr mit jem. pflegen" auch sonst. Wenn auch die Worte Menand. (fr. inc. 228 ed. Meineke) παρ' αὐτὸν ἴσα βαίνουσ' ἑταίρα πολυτελής dafür nichts beweisen, da wir den Zusammenhang der Stelle nicht kennen, so zeigen doch die Worte bei Longin. τῷ ἀμέτρῳ πλοίτῳ καὶ ἀκολάστῳ συνημμένη καὶ ἴσα, ᾀασί, βαίνουσα πολυτέλεια, dass ἴσα βαίνειν allerdings auch eine Bedeutung hat, welche man füglich durch „gleichen Schritt mit Jemandem halten" wiedergeben kann. Aber ich wüsste nicht, dass dieses dem obigen Worte des Dem. widerspräche: ἴσα βαίνειν ist immer „auf gleiche Weise einherschreiten:" ein gleiches Schreiten ist auch erforderlich, wenn zwei oder mehrere in gleicher Front, der eine nicht hinter dem andern zurückbleiben will; in den obigen Stellen wird das Wort dann in übertragener Bedeutung gebraucht. Dieser Gebrauch des ἴσα βαίνειν schliesst also nicht aus, dass er ursprünglich in wörtlicher, eigentlicher Bedeutung die Art des Hebens und Setzens von Bein und Fuss bedeutet. Und weil sodann ein gleiches Aufziehen des Beins, ein gleich rasches Tempo des Schreitens, eine gleiche Weite des Schritts erforderlich ist, wenn zwei neben einander in gleicher Höhe gehend bleiben wollen, so bedeutet das ἴσα βαίνειν auch das in gleicher Front neben einander sein. So kann es in eigentlicher und übertragener Bedeutung stehen: immer ist hier die gleiche Art des Gebrauchs von Fuss und Bein das Maassgebende.

Doch ist zu bemerken, dass die eben angeführte Stelle des Longin. die einzige sichere ist, wo ἴσα βαίνειν ein „neben einander sein" ist; aber die Bedeutung der Stelle wird, ausser dass die Worte hier in übertragenem Sinne stehen, dadurch abgeschwächt, dass das eingeschobene φασί darauf hinweist, die Worte seien hier eigentlich nicht ganz passend gebraucht. Völlig andern Sinn ergiebt die gleichfalls von Buttmann a. a. O. als derselben Bedeutung angeführte Stelle Philostr. V. Apoll. 6, 11 (ed. Kayser pag. 113): σκενοποιίας μὲν ἥψατο εἰκασμένης τοῖς τῶν ἡρώων εἴδεσιν, ὀκρίβαντος δὲ τοῖς ὑποκριτὰς ἐνεβίβασεν, ὡς ἴσα ἐκείνοις βαίνοιεν, ἐσθήμασί τε πρῶτος ἐκόσμησεν ἃ πρόςφορον ἥρωσί τε καὶ ἡρωίσιν ἠσθῆσθαι —. Dass hier das ἴσα βαίνειν der Schauspieler nur die Nachahmung des Schritts der Helden, ihres würdevollen Ganges und ganzen Auftretens ist, bedarf keines Beweises und es ist auffallend, dass Buttmann dieses nicht selbst bemerkt hat. Noch ist eine Stelle des Dem. anzuführen in der diese Redensart sich findet κατὰ Στεφ. α' 63 οὗτος γὰρ ἡνίκα μὲν συνέβαινεν εὐτυχεῖν Ἀριστολόχῳ τῷ τραπεζίτῃ, ἴσα βαίνων ἐβάδιζεν ὑποπεπτωκὼς ἐκείνῳ. Wenn gewöhnlich angeführt wird Ἀριστολόχῳ ἴσα βαίνων ἐβάδιζεν, so ist das nicht ganz richtig, da Ἀριστολόχῳ von συνέβαινεν und der zweite Dat. ἐκείνῳ von ὑποπεπτωκώς abhängig ist. Allerdings ist zu ἴσα βαίνων aus dem Vorhergehenden Ἀριστολόχῳ zu ergänzen, aber durch nicht unmittelbares Verbinden erhält ἴσα βαίνων mehr die Bedeutung einer nebensächlichen eingeschobenen Bemerkung: das Hauptgewicht ruht auf ἐβάδιζεν ὑποπεπτωκὼς ἐκείνῳ: er schloss sich ihm an, fügte sich in ihn, erkannte ihn als Vorbild an, dem er sich unterordnete; ἴσα βαίνων heisst in dieser Verbindung eine gleiche Art des Lebens, der Lebensgewohnheiten, des ganzen Auftretens habend: es wird also hier das Wort gleichfalls in übertragener Bedeutung gebraucht, welches die wörtliche Auffassung in ἴσα βαίνων Πυθοκλεῖ nicht ausschliesst.

Diese letztere ist aufs allerbestimmteste für die Worte ἴσα βαίνων Πυθοκλεῖ festzuhalten. Sollte es die Bedeutung „in intimem Verkehr mit P. stehend" haben, so müsste dieses als ein specifisches Characteristicum seiner Schlechtigkeit hier dargestellt werden. Dieser Pythokles müsste ja aber ein wahres Monstrum von Nichtswürdigkeit und Verrufenheit gewesen sein, wenn einmal ein Umgang mit ihm als bezeichnend für Schlechtigkeit gestempelt, sodann die

Worte ἴσα βαίνων Πυθοκλεῖ sogar zum Sprichworte werden konnten. Denn welche andere Pointe wollte man in dieser Redensart finden? Das was wir über Pythokles wissen giebt uns durchaus keinen Halt, ihn einen abgefeimten verrufenen Bösewicht zu nennen. Unsere Rede erwähnt ihn nicht weiter; aus der Rede pro cor. lernen wir ihn allerdings als Freund und Gesinnungsgenossen des Aesch. kennen, der gegen die Wahl des Dem. als Redner für die bei Chaeronea Gefallenen Einsprache erhebt; sonst wissen wir noch von ihm, dass er eine nützliche Regierungsmaassregel in Bezug auf die Finanzen vorschlug und zusammen mit Phokion den Tod litt. Dem. nennt ganz andere Leute, wenn er die Schlechtigkeit der Aeschin. Partei brandmarken will und hätte auch hier ohne Zweifel andere Freunde genannt, wenn ihm daran gelegen gewesen wäre, einen durch nichtswürdige Sinnesart sich auszeichnenden hier als Genossen des Aesch. aufzustellen. War aber Pythokl. durch eine auffallende, lächerlich gespreizte Art des Gehens bekannt, so mussten diese Worte des Dem. zur Bezeichnung eines hochtrabenden Gesellen zünden und leicht zum geflügelten Worte werden.

Es ist das später allgemein hervortretende Missverständniss der Worte ἴσα βαίνων Πυθοκλεῖ gewesen, welches nach meiner Ansicht dem Vf. von 201—33 Veranlassung gegeben hat, § 225 seinem Stücke einzufügen; aus den Worten διὰ τῆς ἀγορᾶς πορεύεται — ἴσα βαίνων Πυθοκλεῖ ergänzt er sodann die gegebene Schilderung des Pythokles: μετὰ δ' Αἰσχίνου περιέρχεται τὴν ἀγορὰν κύκλῳ καὶ βουλεύεται. Es kann dabei immerhin angenommen werden, dass dem Vf. noch andere Notizen über den Pythokl. vorgelegen haben, die uns unbekannt sind, wie denn bei ihm sich allein die Angabe des Pythokl. als Sohnes des Pythodoros findet.

226 wird die allgemeine Folgerung aus jenem einzelnen Falle gezogen: Philipp kennt seine Freunde genau, ihr die eurigen nicht. Auffallend ist hier in τοῖς δὲ πρὸς ὑμᾶς ζῶσιν — τοσαύτην κωφότητα — παρ' ὑμῶν ἀπαντᾶν, ὥςτε — ἔμ' ἀγωνίζεσθαι der Uebergang vom Allgemeinen τοῖς ζῶσιν zu dem Speciellen ἐμέ. ἐξ ἴσου ἀγωνίζεσθαι scheint unpassend, denn davon kann hier gar nicht die Rede sein: Aesch. ist der Angeklagte und für ihn ist in diesem Processe Alles zu befürchten; Dem. als Ankläger — besonders da er nach des Vf. Meinung schon Rechenschaft abgelegt hat — hat fast Nichts für sich zu befürchten. So sagt Dem. völlig

dem wahren Sachverhalte entsprechend in der Rede de cor., in welcher das Verhältniss des Aesch. und Dem. etwa das umgekehrte von dem in der Rede de f. l. ist: πολλὰ μὲν οὖν ἔγωγ' ἐλαττοῦμαι — ἓν μὲν ὅτι οὐ περὶ τῶν ἴσων ἀγωνίζομαι· οὐ γὰρ ἔστιν ἴσον νῦν ἐμοὶ τῆς παρ' ὑμῶν εὐνοίας διαμαρτεῖν καὶ τούτῳ μὴ ἑλεῖν τὴν γραφήν —. Die Ausdrücke τοσαύτην κωφότητα καὶ τοσοῦτο σκότος entsprechen wieder ganz dem Geschmacke des Vf., der recht kräftige Pinselstriche liebt.

227 f. geben den Grund an, weshalb Phil. seine Freunde so genau kennt, die Athener aber die ihrigen nicht, weil nemlich Phil. ἓν οἶμαι σῶμ' ἔχων καὶ ψυχὴν μίαν, ein Ausdruck der schon den Scholiasten aufgefallen ist, παντὶ θυμῷ καὶ φιλεῖ τοὺς ἑαυτὸν εὖ ποιοῦντας ff. Der Gedanke ist richtig und läuft auf eine Verherrlichung der Monarchie hinaus: Philipp ist der alleinige Repräsentant der makedonischen Interessen, während die vielköpfige athenische Demokratie durch die mannigfaltigsten Interessen der Einzelnen repräsentirt wird: dort wird also auch politische Freundschaft und Feindschaft in einer gleichmässigen Richtung sich ergehen, während hier die verschiedenen persönlichen Interessen über das Eine gleiche Staatsinteresse gehen. Die Ausführung dieses richtigen Gedankens ist aber keineswegs klar. Abgesehen von der Schilderung des Philipp ist auch die der Athener geschraubt und ungenügend. Der Vf. beginnt mit πρῶτον μέν eine Reihe von Gründen, kommt aber über den ersten nicht hinaus. Dieser wird in doppelter Form ausgeführt: οὔτε — οὔτε —, ἀλλά - -: der einzelne Athener hält nicht den Freund des Staats für seinen eigenen Freund, den Feind desselben für seinen Feind, sondern lässt sich durch persönliche Motive Mitleid, Neid etc. in seiner Beurtheilung leiten. Vgl. hierzu auch 342 f. Sodann wird hinzugefügt: ἂν γὰρ ἅπαντά τις ἐκφύγῃ τἆλλα· τοὺς γ' οὐδένα βουλομένους εἶναι τοιοῦτον οὐ διαφεύξεται. Zunächst erwartet man, da ἐκεῖνος μέν und ὑμῶν δ' ἕκαστος die leitenden Subj. des vorhergehenden Satzes sind, in τις das ἕκαστος ὑμῶν wieder aufgenommen zu sehen: das geschieht nicht. Sodann denkt man an das Object jenes Satzes, also τὸν εὖ ποιοῦντα und τὸν κακῶς ποιοῦντα: aber auch das findet hier keine Berücksichtigung, sondern aus diesen beiden Gliedern wird stillschweigend, ohne irgend welche Bezeichnung, der εὖ ποιῶν herausgenommen. Von diesem heisst es: ἂν ἅπαντα ἐκφύγῃ τἆλλα: diese Momente, denen er entgehen soll, sind ἔλεος

φθόνος ὀργὴ χαρίσασθαι τῷ δεηθέντι ἄλλα μυρία: auch hierin zeigt sich aber wieder die Unklarheit des Vf.: während χαρίσασθαι durch Hinzufügung von τῷ δεηθέντι als auf Angeklagte sich beziehend characterisirt wird, steht ἔλεος in gleicher Linie mit φθόνος ὀργή und doch kann ἔλεος gleichfalls nur Sinn haben, wenn es auf den Gegner des εὖ ποιῶν sich bezieht. So muss man erst durch Reflexion das ἅπαντα τἆλλα sich erklären. Das folgende τοὺς γ᾽ οὐδένα βουλομένοις εἶναι τοιοῦτον οὐ διαφεύξεται ist sodann völlig unverständlich: τοιοῦτον kann nur der εὖ ποιῶν sein, von dem überhaupt im Vorhergehenden die Rede gewesen ist, und doch kann der Vf. gar nicht sagen wollen, dass die Athener überhaupt von Niemand wollten, dass er sich als Freund, als Wohlthäter des Staats und aller Einzelnen erweise. Ohne Zweifel will der Vf. in τοιοῦτον denjenigen zeichnen, der wirklich alle ihm entgegen stehenden Momente überwindet und so völlig unabhängig da steht als Wohlthäter, damit aber auch stets in gewissem Sinne als Leiter der Stadt: die stets auf ihre demokratische Auctorität eifersüchtigen Athener lassen einen solchen Staatsmann nicht aufkommen und wenn dieser daher auch alle Hindernisse überwindet, jene über ihre eigene Macht eifersüchtig wachende Regierungsneigung des athenischen Volks kann Niemand besiegen. Das allein kann der Sinn des τοιοῦτον sein, aber er ist nur auf dem Wege der Speculation erst herauszufinden: dem Zusammenhange nach müsste man τοιοῦτον als εὖ ποιοῦντα fassen. Sodann ist unpassend, dass, nachdem im vorhergehenden die Motive festgehalten sind, durch welche sich ἕκαστος leiten lässt, in τοὺς —βουλομένοις plötzlich das Gedankensubject verlassen wird. Unlogisch ist endlich die Anknüpfung des Satzes ἄν durch γάρ, denn derselbe enthält nicht den Grund für das vorhergehende, sondern knüpft ein Ergebniss an. Es ist aber nicht erlaubt, das γάρ sämmtlicher Hdschr. in δέ zu verändern. Ich glaube, dass der Vf. durch das unmittelbar vorhergehende ἄλλα μυρία, in dem implicite schon die Unbesieglichkeit des Widerstandes enthalten ist, sich hat verleiten lassen γάρ zu setzen. Auch der Schlussgedanke: dadurch dass dieses sich wiederholt, dass diejenigen, welche der Stadt Gutes erweisen wollen, zurückgestossen werden und ihnen so Unrecht geschieht, entsteht nach und nach der grosse Schaden der Stadt, eben weil es keinem gelingt, der Stadt wirklich Gutes zu erweisen, findet nach meinem Gefühle in den Worten ἡ δ᾽ ἐφ᾽ ἑκάστου τούτων ἁμαρτία κατὰ μικρὸν ὑπορρέουσα ἀθρόος τῇ πόλει βλάβη γίγνεται nur einen schwächlichen Ausdruck. Ueberall also vermissen wir die planvolle Klarheit des Dem. Man fühlt, es wird dem Vf. schwer, den Gedanken zu gestalten und ihm den adaequaten Ausdruck zu verleihen. Mit 228 ist der Gedankengang zunächst abgeschlossen: es folgt eine Recapitulation mit daran geknüpfter Ermahnung an die Richter zu strafen. Hat Dem. 189 ἐγὼ δ' οὐδὲ συμπεπρεσβευκέναι φημί σοι, πρεσβεύειν μέντοι σὲ μὲν πολλὰ καὶ δεινά, ἐμαυτὸν δ' ὑπὲρ τούτων τὰ βέλτιστα· ἀλλὰ Φιλοκράτης σοι συμπεπρέσβευκεν κἀκείνῳ σὺ καὶ Φρύνων sich in bestimmten Gegensatz zu den Hauptredelsführern der Gesandtschaft Philokr. Aesch. Phrynon. gesetzt und dann 192 ff. ἔξω τῆς πρεσβείας ein Stück von Aesch. und Phrynon berichtet, so glaubt unser Vf. gleichfalls verpflichtet zu sein, in ähnlicher Weise zu verfahren. Zunächst also stellt er den Dem. den andern Gesandten und zwar gleichfalls dem Philokr. Aesch. und Phrynon gegenüber: zunächst dem Philokr.: ὁ μὲν πρὸς τῷ μηδὲν ἐκ τῆς πρεσβείας λαβεῖν τοὺς αἰχμαλώτους ἐκ τῶν ἰδίων ἐλύσαιο, ὁ δὲ, ὧν τὰ τῆς πόλεως πράγματα χρημάτων ἀπέδοιο, τούτων πόρνας ἠγόραζεν καὶ ἰχθῦς περιιών. Der Vf. hat hier 309 vor Augen, wo Dem. von Philokr. berichtet, dass derselbe γυναῖκας ἐλευθέρας τῶν Ὀλυνθίων ἐφ' ὕβρει δεῦρ' ἤγαγεν und dem hinzufügt καὶ οὕτως ἐπὶ τῷ βδελυρῶς βεβιωκέναι γιγνώσκεται, sodass blos eine Erwähnung jener Olynthierinnen nöthig sei, um den Richtern die ganze Scheusslichkeit von Philokr. Verfahren ins Gedächtniss zu rufen. Hier liegt das Gewicht darauf, dass es Freie Olynthierinnen waren: unser Vf. macht πόρνας daraus und setzt ἰχθῦς hinzu. Was das περιιών soll, ist mir nicht klar: will der Vf. damit sagen (ἠγόραζεν — περιιών), dass Philokr. zum Kaufen von πόρναι und ἰχθῦς eigens umhergegangen, dass er als Aufkäufer dieser Handelsartikel erschienen sei?

Hat der Vf. 229 seiner Absicht, sich selbst dem Aesch. Philokr. Phrynon gegenüber zu stellen, gemäss in ὁ μὲν — von sich, in ὁ δὲ — von Philokr. berichtet, es folgt jetzt eine Vergleichung des Dem. und Phrynon: dieser hat seinen unerwachsenen Sohn dem Philipp zum schändlichen Gebrauch zugeschickt, ὁ δ' οὐδὲν ἀνάξιον οὔτε τῆς πόλεως οὔθ' αὑτοῦ διεπράξατο: hier ist dieser negative Ausdruck entgegen jener positiven Anschuldigung des Phrynon sehr matt. Völlig unpassend ist die selbständige Anschuldigung des Philokr. und Phrynon, durchaus entgegengesetzt dem consequent festgehaltenen Verfahren des Dem., nur den Aesch. positiver Vergehen zu beschuldigen und die übrigen Gesandten nur, insoweit sie als Genossen, als Helfershelfer des Aesch. erscheinen. So erscheint auch Phrynon. 196 ff. nur, weil seine That zugleich die des Aesch. ist, und Philokr. wird gleichfalls nur dann genannt, wenn er dem Aesch. verbunden handelt. Auch das γυναῖκας ἐλευθέρας τῶν Ὀλυνθίων ἤγαγεν des Philokr. wird von Dem. nur erwähnt, um das ἅς οὐκ ἠλέησεν Αἰσχίνης οὐδ᾽ ἐδάκρυσεν hinzuzusetzen und dann mit ἀλλ᾽ ὑπὲρ αὐτοῦ κλᾳήσει dem damaligen Verhalten des Aesch. das jetzige entgegen zu stellen. Sodann führt unser Vf. den dritten Gegensatz ein, Dem. χορηγῶν καὶ τριηραρχῶν, ἔτι καὶ ταῦτ᾽ ᾤετο δεῖν, ἐθελοντὴς ἀναλίσκειν, λύεσθαι, μηδέν᾽ ἐν συμφορᾷ τῶν πολιτῶν δι᾽ ἔνδειαν περιορᾶν, Aesch. τοσοῦτον δεῖ τῶν ὑπαρχόντων τιν᾽ αἰχμάλωτον σῶσαι, ὥσθ᾽ ὅλον τόπον καὶ πλεῖν ἢ μυρίους μὲν ὁπλίτας ὁμοῦ δὲ χιλίους ἱππέας τῶν ὑπαρχόντων συμμάχων ὅπως αἰχμάλωτοι γένωνται Φιλίππῳ, συμπαρεσκεύασεν. Was den ersten in 5 Gliedern bestehenden Gedanken betrifft, in dem das Verhalten des Dem. geschildert wird, so hat der Vf. denselben aus Dem. Cherson. 71 entlehnt: ἔχων ὦ ἄνδρες Ἀθηναῖοι καὶ τριηραρχίας (dort τριηραρχῶν) εἰπεῖν καὶ χορηγίας (dort χορηγῶν) καὶ χρημάτων εἰς φοράς (dort ἐθελοντῆς ἀναλίσκειν) καὶ λύσεις αἰχμαλώτων (dort λύεσθαι) καὶ τοιαύτας ἄλλας φιλανθρωπίας (dort negativ ausgedrückt μηδέν᾽ ἐν συμφορᾷ τῶν πολιτῶν δι᾽ ἔνδειαν περιορᾶν). Was den zweiten Theil des Gedankens betrifft, worin das Verfahren des Aesch. geschildert ist, so ist derselbe dem Inhalte und der allgemeinen Form nach aus 266 entlehnt. Hier schildert Dem. das Schicksal Olynths, welches siegreich, so lange seine Bürger sich von jeder Annahme philippischer Gelder rein erhielten, fiel, sobald es käuflich wurde; sodann folgt ἐπειδὴ ταῦθ᾽ οὕτω προήγετο καὶ τὸ δωροδοκεῖν ἐκράτησε χιλίους μὲν ἱππέας κεκτημένοι πλείους δ᾽ ὄντες ἢ μύριοι, πάντας δὲ τοὺς περιχώρους ἔχοντες συμμάχους, μυρίοις δὲ ξένοις καὶ τριήρεσι πεντήκονθ᾽ ὑμῶν βοηθησάντων αὐτοῖς καὶ ἔτι τῶν πολιτῶν τετράκις – χιλίοις, οὐδὲν αὐτοὺς τούτων ἠδυνήθη σῶσαι, ἀλλὰ πρὶν μὲν ἐξελθεῖν ἐνιαυτὸν τοῦ πολέμου τὰς πόλεις ἁπάσας ἀπωλωλέκεσαν τὰς ἐν τῇ Χαλκιδικῇ προδιδόντες —. Ganz derselbe Gedanke findet sich 230, nur spitzer gefasst: heisst es dort τὰς πόλεις ἁπάσας ἀπωλωλέκεσαν προδιδόντες und gleich darauf πενιακοσίους δ' ἱππέας προδοθέντας ὑπ' αὐτῶν τῶν ἡγουμένων ἔλαβεν — ὁ Φίλιππος, so sagt unser Vf.: ὅλον τόπον καὶ πλεῖν ἢ μυρίους μὲν ὁπλίτας ὁμοῦ δὲ χιλίους ἱππέας τῶν ὑπαρχόντων συμμάχων ὅπως αἰχμάλωτοι γένωνται Φιλίππῳ συμπαρεσκεύασεν. Wenn er hier diesen letzteren Ausdruck wählt, so geschieht das, weil er des Gegensatzes λύεσθαι τοὺς αἰχμαλώτους und τοσούτου δεῖ τῶν ὑπαρχόντων τιν' αἰχμάλωτον σῶσαι wegen gezwungen ist, das αἰχμάλωτοι noch einmal anzubringen.

Diese Stelle unterliegt aber noch den schwersten Bedenken. Jeder muss bei diesem dem Aesch. gemachten Vorwurfe sofort an Phokis denken: denn die Preisgebung, der Verrath dieses Landes ist es, welcher Kern und Mittelpunkt der einen Hälfte der Anklage bildet. Zunächst aber passt hierauf συμπαρεσκεύασεν nicht: denn Aesch. wird von Demosth. stets als allein schuldig an dem Verderben der Phoker dargestellt. Doch könnte man dieses genügend dahin erklären, dass er hier als Helfershelfer des Philipp selbst oder als Genosse der übrigen bestochenen Gesandten dargestellt werden soll. Wichtiger schon ist der Ausdruck ὅλον τόπον, der nicht leicht auf ein Land, Phokis, bezogen werden kann. Aber diese beiden Bedenken verschwinden dem gegenüber, dass dieser Bericht vom Schicksale der Phoker völlig der Wahrheit ins Gesicht schlägt. Phalaekos besass einmal nicht μυρίους ὁπλίτας und χιλίους ἱππέας sondern sein Heer betrug im Ganzen nur 8000 Mann, vgl. Diod. 16, 59; sodann gerieth er mit denselben nicht in Gefangenschaft des Philipp, sondern erhielt freien Abzug. Wenn G. H. Schaefer unter dieser Zahl τὰς πολιτικὰς δυνάμεις verstand, welche also neben dem Heere des Phalaekos ein besonderes Corps ausgemacht haben sollen, so ist das nur eine Hypothese, die durch alles, was wir über das Heer und den Krieg der Phoker wissen, widerlegt wird. Soll man nun annehmen, dass die Zahl von 10000 Hopliten und 1000 Reitern aus einer andern dem Vf. vorliegenden Quelle entnommen sei, oder dass er absichtlich zur Vergrösserung der Schuld die Zahl erhöht habe? (Weiske de Hyperb. 2, 30.) Dann würde die Nachricht von der Gefangennehmung des Heers doch stets ein sehr bedenkliches Licht auf die Kenntnisse unsers Vf. werfen. Mir scheint die einzig mögliche Erklärung die zu sein, dass wir dem Vf. ein allerdings sehr gravirendes Missverständniss zur Last legen. Er las 265—67 den

Bericht vom Schicksale der Olynthier, wonach 10000 Hopliten und 1000 Reiter durch Verrath dem Philipp als Gefangene in die Hände fielen. Der Vf. stellte sich diesen Bericht zur Nachahmung vor: dabei aber verwirrten sich ihm Zeiten und Umstände: er glaubte, Dem. werfe dort dem Aesch. eine Theilnahme am Verrathe der Olynthier vor und so schrieb er demselben hier in der That eine solche zu: σύμ — παρεσκεύασιν; so findet auch ὅλον τόπον seine Erklärung, welches Olynth und nicht Phokis ist; die μυρίους ὁπλίτας ὁμοῦ δὲ χιλίους ἱππέας entnimmt er wörtlich dem obigen Berichte, ebenso ihre Gefangennehmung: so erklärt sich jedes Wort dieser Erzählung ganz genau. Aber kann man wirklich eine solche Ignoranz oder Gedankenlosigkeit dem Vf. zutrauen? Unter allen Umständen bleibt diese, wenn wir den Bericht auch auf das Schicksal der Phoker beziehen: denn die Gefangennehmung des Heers des Phalaekos, welche hier berichtet wird, widerspricht aufs bestimmteste allen historischen Angaben, welche seinen freien Abzug berichten. Mag man also das eine oder das andere annehmen, immer ist hier ein schlagender Beweis enthalten, dass diese Worte nicht von Dem. sein können, der mitten in der Geschichte stand, sondern von einem Spätern, dessen eigentliches Geschäft das schülerhafte Nachahmen und angebliche Corrigiren seines Vorbilds Dem. blieb, dem historische Kenntnisse dagegen nur ein untergeordnetes Moment waren.

Wir müssen aber noch einen Augenblick bei 229 f. verweilen. Bei einem Resumé, wie es hier gegeben wird, kommt es darauf an, die Hauptpunkte kurz und bestimmt hervorzuheben. So geschieht es von Dem. selbst überall. Was finden wir hier? Philokr. kauft sich Mädchen und Fische, Phrynon überlässt seinen Sohn dem Philipp, Aesch. liefert dem Philipp das Heer des Phalaekos aus. Ist, um nur bei dem letzteren Punkte zu verweilen, — angenommen, dass die Angabe sich auf die Beendigung des phokischen Kriegs wirklich beziehen soll — dieses die Hauptsache beim Schicksale der Phoker? Ist es nicht vielmehr das gesammte Schicksal der Phoker selbst, ihr grenzenloses Elend, die daraus sich ergebende Gefahr Athens, welches Aesch. verschuldet hat und musste nicht dieses hervorgehoben werden, wie es von Dem. geschieht, immer wieder von neuem und doch in immer andern kräftig ergreifenden Schilderungen? Unser Vf. hat neu und original sein wollen: um dem Auslösen der Gefangenen von Seiten des Dem. mit vermeintlicher rhetorischer Schärfe das Verfahren des Aesch. entgegen zu setzen, welcher Gefangene dem Phil. überliefert, hat der Vf. diese und in ähnlicher Weise die andern Gegenüberstellungen zusammengesucht, ohne zu fühlen, dass dabei die Hauptsache, das eigentlich Wesentliche, ganz bei Seite bleibt. In 231 stellt nun der Vf. dem Verfahren der Gesandten (229 f.) das entgegengesetzte Schicksal derselben gegenüber. Der Versuch, durch Frage und Antwort etc. die Ausführung recht lebhaft zu machen, wie derselbe schon 229 hervortritt, wird hier fortgesetzt: die Rede nimmt dadurch einen zerstückelten Character an; so gleich der Anfang: τί οὖν μετὰ ταῦτα; Ἀθηναῖοι λαβόντες (ᾔδεσαν μὲν γὰρ πάλαι. τί δὲ;) τοὺς μὲν χρήματ' εἰληφότας ff. Die ganze Parenthese ist zwecklos, das ᾔδεσαν γὰρ in Bezug auf λαβόντες unverständlich. Soll λαβόντες heissen „vor Gericht ziehend" und dieses mit dem Wissen um die Schuld erklärt werden, so ist der Gedanke unwahr: nicht οἱ Ἀθηναῖοι sondern Dem. allein (wie es gleich darauf richtig heisst ὁ κατηγορῶν) haben Aesch. dem Gerichte überliefert. Soll λαβόντες heissen: „ihn im Gericht seiner Schuld überführend," so ist ᾔδεσαν γὰρ als überhaupt keine Begründung des λαβόντες enthaltend unpassend. Auch λαβόντες wegen seiner Unklarheit hätte vermieden werden sollen und es wird durch die Zusammenstellung mit τοὺς εἰληφότας noch weniger erträglich. Der Ausdruck καὶ καταισχύναντας ἑαυτοὺς τὴν πόλιν τοὺς ἑαυτῶν παῖδας enthält wieder neben dem Einen Hauptpunkte ganz untergeordnete Momente, die für die Klage in gar keinen Betracht kommen: und doch sollten hier nur Hauptmomente gegeben werden. In den Worten ἀφεῖσαν καὶ νοῦν ἔχειν ἡγοῦντο καὶ τὴν πόλιν εὐθενεῖσθαι fällt das letzte Glied auf: in dem ganzen Satze wird so consequent τοὺς χρήματ' εἰληφότας als das Object festgehalten, dass nun am äussersten Ende die Umkehrung des Objects sehr bedenklich ist; man erwartet den Gedanken, dass sie durch ihr Thun der Stadt die grösste Wohlthat erwiesen haben. Der Gegensatz von τὸν δὲ κατηγοροῦντα ist völlig unlogisch. Der Kläger kommt hier gar nicht in Betracht, er ist völlig unwesentlich: nach dem von 223 bis 231 εὐθενεῖσθαι in jedem Satztheile festgehaltenen Gegensatz musste der Vf. hier den nennen, welcher sich frei von Bestechung, von Verrath, von Schlechtigkeit gehalten hatte. Allerdings ist dieser in Wirklichkeit auch ὁ κατηγορῶν: aber auch der Ausdruck verlangte aufs bestimmteste diesen Gegensatz. Auch die über den κατηγορῶν ausgesprochene Meinung leidet an Härten des Ausdrucks: ἐμβεβροντῆσθαι (der Vf. liebt kräftige Ausdrücke) τὴν πόλιν ἀγνοεῖν (brachylogisch: er verkenne die Interessen der Stadt), οὐκ ἔχειν ὅποι τὰ ἑαυτοῦ ῥίπτῃ (mit Beziehung auf das τοὺς αἰχμαλώτους ἐκ τῶν ἰδίων ἐλύσατο).

232 enthält eine Folgerung aus dem Vorhergehenden für die Zukunft: Niemand wird im Hinblick auf das Schicksal des Aesch. und Dem. die Interessen der Stadt wahren wollen; verfahrt daher anders und straft den Verräther. Was den Gedanken selbst betrifft, so schreibt der Vf. hier ohne Zweifel in Nachahmung von 342 f. An unserer Stelle ist aber der Gedanke εἰ μήτε λαβεῖν μήτε τῶν εἰληφότων ἀξιοπιστότερον παρ' ὑμῖν εἶναι δοκεῖν ὑπάρξει falsch. Voemel übersetzt: quis gratuito agere legatum (scl. volet), si neque accipere neque quam ii qui acceperint plus apud vos invenire fidei licebit? Danach wollte also der Vf. sagen, auf der einen Seite dürfe man Nichts annehmen, auf der andern Seite aber habe man aus dem Nichtannehmen auch keine Vortheile, der Schluss müsste also sein: Niemand wird überhaupt Gesandter sein wollen, denn er hat in keinem Falle Gewinn davon. Aber dieser Sinn passt durchaus nicht. Im Gegentheil hat ja der Vf. im Vorhergehenden auseinander gesetzt, dass diejenigen, welche sich bestechen lassen, zu Hause noch Ehren ausserdem erhalten, während die, welche sich rein von aller Bestechung erhalten, mit Verachtung in Athen bestraft werden. Hier muss also alles darauf hinweisen, jedem, der eine Gesandtschaft übernimmt, zu rathen, sich bestechen zu lassen. Und mit diesem Gedanken leitet der Vf. auch das εἰ μήτε λαβεῖν ff. ein: καὶ τίς, ὦ ἄνδρες Ἀθηναῖοι, τοῦτ' ἰδὼν τὸ παράδειγμα δίκαιον αὑτὸν παρασχεῖν ἐθελήσει; τίς προῖκα πρεσβεύειν, εἰ —; Antwort kann hier nur sein: Niemand. In dem εἰ μήτε λαβεῖν ff. kann also nur der Sinn liegen: wenn das Sich nicht bestechen lassen ohne jeden Vortheil ist. Und dieses will nun der Vf. auch wirklich in jenen Worten ausdrücken. Wir müssen übersetzen: εἰ — δοκεῖν ὑπάρξει, wenn ihm (d. h. dem, welcher für eine Gesandtschaft bestimmt ist) die Ueberzeugung, die Erwartung vorhanden sein wird μήτε λαβεῖν μήτε τῶν εἰληφότων ἀξιοπιστότερον παρ' ὑμῖν εἶναι auf der einen Seite nichts anzunehmen, auf der andern Seite (aber trotzdem) in eurer Achtung nicht zu steigen. ὑπάρξει regiert δοκεῖν und von diesem in der Bedeutung „in Aussicht haben" sind die Infinitive λαβεῖν und εἶναι abhängig. Hier aber drängt sich,

abgesehen von der ungewöhnlichen schwerfälligen Construction des Satzes, die Bemerkung auf, dass der Vf. völlig unlogisch die beiden Satzglieder μήτε λαβεῖν und μήτε εἶναι als gleichberechtigt coordinirt, während das μήτε λαβεῖν dem εἶναι völlig untergeordnet ist dem Gedanken nach. Denn der Sinn ist: wer will unbestochen die Gesandtschaft führen, wenn ihm die Aussicht ist, trotzdem er sich nicht bestechen lässt, keine Anerkennung zu finden. Das μήτε λαβεῖν ist also im Grunde völlig überflüssig; sollte es noch einmal, epanaleptisch auf das προῖκα zurückgehend, gesetzt werden, so musste es dem folgenden Gedanken — etwa participialiter — subordinirt werden. Der Vf. verräth also auch hier wieder seine logische Schwäche.

Die Bemerkung des Schol. zu εἰ μήτε λαβεῖν: κύκλος gehört zum folgenden: οὐ μόνον κρίνετε τούτους τήμερον, οὖ —. Vgl. Anonym. περὶ σχημάτ. VIII, 623. In diesem Schlusssatze des Paragraphen ist unpassend der Ausdruck νόμον τίθεσθε — πότερον — ἤ —. Nach νόμον τίθεσθε ist überhaupt und besonders hier eine positive Angabe des Inhalts dieses Gesetzes zu erwarten.

233. In Bezug auf die Μάρτυρες, welche hier dem Dem. die Sendung des Sohnes Phrynons an Philipp bezeugen, ist zu bemerken, dass dieses das einzige Beweismittel der ganzen Rede ist, welches in absolut gar keiner Beziehung zum Processe steht. Sämmtliche Beweismittel stehen mit der Klage oder mit der Person des Aesch. in Verbindung: nur dieses beschäftigt sich mit Phrynon. Ich bin überzeugt, dass der Vorstand der ἀνάκρισις, hier also einer der Logisten, ein solches Beweismittel einfach zurückgewiesen haben würde, nachdem er sich überzeugt, dasselbe stehe mit dem Processe in keinem Zusammenhange. Noch bestimmter aber darf man annehmen, dass es dem Dem. nicht in den Sinn gekommen sein würde, solche Allotria vorzubringen. Es liegt nun nicht fern zu vermuthen, weshalb unser Vf. dieses Stück von Phrynon eingefügt hat. Ist meine Ansicht wirklich richtig, dass der Vf. das Stück 201—33 bestimmt habe, an Stelle des wie er glaubte ungenügenden 188—98 nebst den unmittelbar daran sich schliessenden 199f. einzuschieben, so war er der Meinung, nachdem er den Hauptgedanken 189—91 weiter in 201—29 ausgeführt hatte, auch eine Geschichte aufnehmen zu müssen, welche an die Stelle der 192—98 erzählten zu treten habe. Und hierzu war noch ein specieller Grund vorhanden. Aesch. ereifert sich des höchsten über die

Frechheit des Dem. in der Erzählung von der Olynthischen Frau; er erwähnt, die Richter hätten auf das lauteste ihre Missbilligung der Lügenhaftigkeit des Dem. zu erkennen gegeben und wirklich müssen wir annehmen, dass die Richter oder ein Theil derselben aus irgend welchen Gründen dem Dem. bei seiner Erzählung ihr Missfallen zu erkennen gaben. So wird die Sache auch von den Scholiasten und Rhetoren aufgefasst. Vgl. Gregor. Corinth. *εἰς τὸ περὶ μεθ. δεινότ.* 15, 1. VII, 1254. Tiber. *περὶ σχημάτ.* 18. VIII, 545. Das ist unserm Rhetor Grund genug, die Geschichte zu tilgen, da er die Rede durch seine beabsichtigten Aenderungen zu einem Musterexemplar aller Rhetorik umzuschaffen sucht. So schiebt er an Stelle jener Geschichte eine ähnliche ein, begeht aber den Unverstand, nicht von Aesch. selbst, sondern von Phrynon, den Dem. in jener Erzählung nur als Complice des Aesch. anführt, zu erzählen.

Ich habe schon oben gesagt, dass das Stück 201—33 inhaltlich eine Ausführung des Gedankens von 188 ff. sei und dass es besonders im Anfang und am Schlusse sich äusserst genau an den Anfang und das Ende des Stücks 188—200 anschliesse. Dass war nothwendig: denn das interpolirte Stück war dazu bestimmt, jenes zu ersetzen, es musste daher sich an das dem Stücke 188—200 Voraufgehende und Folgende unmittelbar anschliessen. So benutzt unser Vf. die Preisgebung des Sohnes Phrynons, welche er entweder erfand oder in seinen Quellen vorfand, um zu dem Gedanken, mit dem das Stück 188—200 schliesst, überzuleiten. Zu den Worten 233 *ἀλλὰ μὴν περὶ τῶν ἄλλων οὐδενὸς προςδεῖσθε μάρτυρος* vgl. Phil. III. 41 *οὐδὲν ἐμοῦ προςδεῖσθε μάρτυρος.*

Photius sagt: *Ὁ κατὰ Μειδίου καὶ κατ' Αἰσχίνου λόγος αἰτίαν ἔσχε τοῦ μὴ τὴν αὐτὴν κατὰ πάντα ἀρετὴν τῷ Δημοσθενικῷ συνδιασώσασθαι χαρακτῆρι. καὶ γὰρ ἐν τοῖς δυσὶ τούτοις λόγοις ἐκ διαλεμμάτων τινῶν ταῖς αὐταῖς ἐννοίαις ἐπιβάλλων ἁμιλλᾶσθαι δοκεῖ πρὸς ἑαυτόν, ὥςπερ ἀσκούμενος, ἀλλ' οὐκ ἐπ' αὐτοῖς ἀγωνιζόμενος τοῖς ἔργοις. διὸ καὶ τινὲς ἔφησαν, ἑκάτερον λόγον ἐν τύποις καταλειφθῆναι, ἀλλ' ἃ μὴ πρὸς ἔκδοσιν διακεκαθάρθαι.* Auf keine Stelle passt diese Characterisirung der Rede, dass der Vf. derselben in gewissen Zwischenräumen gleichsam zur Uebung auf dieselben Gedanken komme und in ihrer Ausführung einen Wetteifer mit sich selbst zu eröffnen scheine, besser als auf 201—33 in Vergleich mit 198ff.:

in beiden wird derselbe Gedanke erörtert: es ist in der That ein ἁμιλλᾶσθαι πρὸς ἑαυτόν, ein ἀσκεῖσθαι des Vf., was uns darin entgegen tritt. Aber es ist nicht Dem., dem hieraus ein Vorwurf erwächst, sondern ein beschränkter Nachahmer und Corrector, auf den die Verstümmelung oder richtiger Ueberladung dieser Rede zurückzuführen ist.

Ueber das doppelt gesetzte Μάρτυρες und Μαρτυρία habe ich schon gesprochen. Daselbst habe ich auch bemerkt, dass das Stück 234—36 gleichfalls eine Interpolation ist, die aber jenem Hauptstücke erst nachträglich angefügt ist. Ich gehe daher jetzt zur Prüfung dieses Stücks über.

Dem. nimmt an keiner Stelle seiner Rede, ausser wo er einmal in bestimmter Absicht ein Moment jener Zeit gebraucht, auf die Zeit vor der zweiten Gesandtschaft Rücksicht; noch viel wenig lässt er sich dazu herbei, seine politische Thätigkeit während dieser Zeit zu rechtfertigen. Er erklärt ausdrücklich, dass seine Klage von dem Augenblicke beginne, wo Aesch. nach der Rückkehr von der ersten Gesandtschaft zum Frieden rieth. Nur ein ganz beschränkter Rhetor kann auf den Gedanken kommen, ihn wegen Thatsachen, die vor jenem Zeitpunkte liegen, rechtfertigen zu wollen und diese noch dazu mit den Worten einzuführen: μικροῦ γε ἃ μάλιστα μ᾽ ἔδει πρὸς ὑμᾶς εἰπεῖν παρῆλθον. Ich habe schon oben auf die freche Sophistik des Aesch. aufmerksam gemacht, mit der er die Thatsachen nach der ersten und die nach der zweiten Gesandtschaft, das Verhalten des Dem. zur ersten und zweiten Gesandtschaft, durch einander zu werfen sucht, um die Richter zu verwirren und sie glauben zu machen, Dem. habe auch mit der Thätigkeit der zweiten Gesandtschaft sich anfangs völlig einverstanden erklärt. Vgl. Aesch. 121—23 und 44 f. und dazu meine Inaug. Diss. a. a. O. Ohne Zweifel war es unserm Vf. so ergangen, wie es demjenigen, der nicht ganz genau die Details jener Zeit in der Erinnerung hat, ergehen muss, dass er wirklich, wie auch jede Exegese der Stelle zunächst ergeben muss, die Worte des Aesch. Δημοσθένης τοίνυν ἥκων ἀπὸ τῆς ὑστέρας πρεσβείας — οὐκ ἐν τῷ ψηφίσματι μόνον ἡμᾶς ἐπῄνει ἀλλ᾽ ff. dahin verstand, dass Dem. der zurückgekehrten zweiten Gesandtschaft ein öffentliches Lob ertheilen liess. Dass den Vf. diese absichtliche Durcheinanderwerfung der Zeiten von Seiten des Aesch. veranlasst hat, seine προκαταληψις hier einzuschieben, darüber kann wohl kein Zweifel übrig bleiben, wenn man die ängstliche Betonung der Zeit von Seiten des Vf. beachtet. Der Paragraph enthält eigentlich nur Zeitbestimmungen: 1) τῆς πρώτης ἐκείνης πρεσβείας γράψων τὸ προβούλευμ' ἐγώ 2) καὶ πάλιν ἐν τῷ δήμῳ ταῖς ἐκκλησίαις ἐν αἷς ἐμέλλετε βουλεύεσθαι περὶ τῆς εἰρήνης, 3) οὐδενὸς οὔτε λόγου πω παρὰ τούτων οὔτ' ἀδικήματος ὄντος φανεροῦ. Hinzugesetzt wird dann noch, um alle mögliche Schuld, die ihm aus diesem ἐπαινεῖν etwa erwachsen könnte, von sich abzuwälzen, τὸ νόμιμον ἔθος ποιῶν.

Sodann wird 235 noch eine zweite προκατάληψις hinzugefügt: καὶ νὴ Δί' ἔγωγε καὶ τοὺς παρὰ τοῦ Φιλίππου πρέσβεις ἐξένισα καὶ πάνυ γε, ὦ ἄνδρες Ἀθηναῖοι, λαμπρῶς. Der Vf. widerlegt hier Aesch. 53—55. Der Vf. sagt: ἐπειδὴ γὰρ ἑώρων αὐτοὺς καὶ ἐπὶ τοῖς τοιούτοις ἐκεῖ σεμνυνομένους ὡς εὐδαίμονας καὶ λαμπρούς· εὐθὺς ἡγούμην ἐν τούτοις πρῶτον αὐτὸς περιεῖναι δεῖν αὐτῶν καὶ μεγαλοψυχότερος φαίνεσθαι. λαμπρῶς — λαμπρούς ist unpassend; das πρῶτον unverständlich. Der Vf. schliesst dann beide zu erwartenden Einwürfe des Aesch. zusammen: ταῦτα δὴ παρέξεται νῦν οὗτος λέγων ὡς 'αὐτὸς ἐπήνεσεν ἡμᾶς καὶ αὐτὸς εἰστία τοὺς πρέσβεις', τὸ πότ' οὐ διορίζων. Ich denke, dieser letzte Zusatz ist deutlich genug zu zeigen, dass das Ganze erst geschrieben ist, als des Aesch. Rede vorlag. Welcher vernünftige Mann kann auf den Gedanken kommen, Aesch. werde versuchen, die Zeit nach der ersten und zweiten Gesandtschaft so durch einander zu werfen, dass die Richter selbst nicht mehr wissen, was in diese und was in jene gehört. Wenn Dem. alle andern Einwürfe und Widerlegungsversuche seines Gegners vorhergesehen hat, diesen ganz gewiss nicht. Völlig abgesehen hier immer davon, dass Dem. principiel Alles, was vor den eigentlichen Friedensberathungen, unmittelbar vor dem Aufbruche zur zweiten Gesandtschaft stattgefunden hatte, aus seiner Klage fortlässt und mit den Worten 93 f.: πόθεν ἄρχει κατηγορεῖν; ὅθεν — diesen Zeitpunkt, mit welchem seine Klage beginnt, ganz bestimmt hervorhebt und die Richter warnt, des Aesch. Vertheidigung wegen der vorhergehenden Zeit anzuhören, so dass schon damit dieser hier (234 ff.) behandelte Einwurf des Aesch. ein für alle mal beseitigt ist.

Schon 234 hat der Vf. in verschiedenen Zeitbestimmungen τὸ πότε der ἑστίασις und der ἐπαίνεσις auseinandergesetzt. Jetzt 236 beginnt er von Neuem damit. Der ganze Paragraph besteht wieder eigentlich nur aus Zeitangaben: ἔστιν δὲ ταῦτα πρὸ τοῦ τὴν πόλιν ἠδικῆσθαί τι καὶ φανεροὺς τούτους πεπρακότας αὐτοὺς γενέσθαι, ὅτ᾽ ἄρτι μὲν ἧκον οἱ πρέσβεις τὸ πρῶτον, ἔδει δ᾽ ἀκοῦσαι τὸν δῆμον τί λέγουσιν, οὐδέπω δ᾽ οὔθ᾽ οὗτος συνερῶν δῆλος ἦν τῷ Φιλοκράτει, οὔτ᾽ ἐκεῖνος τοιαῦτα γράψων. Ἂν δὴ ταῦτα λέγῃ μέμνησθε τοὺς χρόνους, ὅτι τῶν ἀδικημάτων εἰσὶ πρότεροι. μετὰ ταῦτα δ᾽ οὐδὲν ἐμοὶ πρὸς τούτους οἰκεῖον οὐδὲ κοινὸν γέγονεν. So etwas kann Dem. nicht geschrieben haben.

Ich habe in dem Vorhergehenden nachzuweisen gesucht, dass das Stück 201—36 nicht von Dem. herrührt. Nach der Ausscheidung desselben wird der aufs äusserste gestörte Zusammenhang der Rede wieder hergestellt und 200 schliesst sich unmittelbar dem Ausdrucke und dem Gedanken nach an 237 an. Ich habe mich bei dem Versuche, das betr. Stück als Interpolation zu erweisen, auf handschriftliche, rhetorische, sachliche, logische, sprachliche Momente gestützt, die mir völlig genügend erscheinen, eine fremde Hand in diesem Stücke zu erkennen.

Was nun aber die Zeit des Interpolators betrifft, so wage ich kaum hierüber Vermuthungen auszusprechen. Dass die Demosthenischen Reden überhaupt manch eigenem Schicksal unterworfen gewesen sind, darf man unzweifelhaft mit Spengel (Demegoricen des Dem. in den Abh. d. Bair. Ak. philos. philol. Cl. IX, 1863. S. 306 f.) annehmen. Plutarch ist der älteste Schriftsteller, welcher das eingeschobene Stück kennt. Die selbständigen Notizen, die hier und in dem gleichfalls, wie wir sehen werden, interpolirten Stücke 329—40, allerdings in sehr dürftiger Anzahl und in noch geringerer Bedeutung, uns entgegentreten, brauchen durchaus kein Grund zu sein, die Abfassung der Stücke so hoch wie möglich hinaufzurücken. Mir scheinen zwei Zeitpunkte die passendsten zu sein, in denen die Abfassung dieser interpolirten Stücke anzusetzen ist, beide aber um wenigstens 2 Jahrh. auseinander gelegen. Zunächst darf man annehmen, dass es ein Attiker war, welcher diese vermeintlichen Verbesserungen der Rede vornahm: denn den Attikern blieb Demosthenes immer doch das Haupt der Oratorik, welchem sie nacheiferten und welches sie studierten. Zwei Blüthezeiten aber des Atticismus darf man annehmen, soweit von Blüthezeit die Rede sein kann: die erste fällt etwa ins dritte Jahrh. und wird von den Ausläufern der Beredtsamkeit Athens vertreten, die zweite, in bewusster Reaction gegen den Asianismus des zweiten und ersten Jahrh. v. Chr., fällt in die Zeit des Augustus und wird vor Allen durch Dionysius vertreten. Vgl. im Allgemeinen hier Blass, die griechische Beredtsamkeit von Alex. bis Augustus. Berl. 1865. Ich habe nun schon oben hervorgehoben, dass die §§ 234—36 verfasst zu sein scheinen zur Verhütung eines Missverständnisses des Aesch., welcher mit einem gewissen Rechte behauptet, Dem. habe die erste Gesandtschaft anklagen müssen, wenn seine Klage einen Schein von Berechtigung hätte haben wollen, da die zweite Gesandtschaft nur $\dot{\epsilon}\pi\dot{\iota}\ \pi\epsilon\pi\rho\alpha\gamma\mu\dot{\epsilon}\nu o\iota\varsigma$ war (123). Auch Dionys. Halic. hebt diesen Punkt a. a. O. hervor und macht dem Dem. einen Vorwurf daraus. Man darf vielleicht annehmen, dass ein Schüler des Dionysios dadurch auf den in jenen Worten des Aesch. enthaltenen Einwand aufmerksam gemacht wurde und da die ganze Auseinandersetzung des Aesch., wie oben bemerkt, eine äusserst sophistische ist, welche absichtlich die Zeit der ersten und zweiten Gesandtschaft durch einander wirft, zur Klarstellung derselben jene Paragraphen in des Dem. Rede einschob. Damit haben wir aber für die Zeitbestimmung der grössern Interpolation scheinbar noch nichts gewonnen: denn wie oben bemerkt, 234—36 und 213 $\dot{\alpha}\lambda\lambda\dot{\alpha}\ \mu\dot{\eta}\nu$ — 214 incl. sind wahrscheinlich erst nachträglich dem Stücke 201—33 an- resp. eingefügt. Aber der Umstand, dass diese Stücke beide dem grössern interpolirten Stücke angehängt sind, scheint mir darauf hinzuweisen, dass die Gesammtinterpolation auf eine Handschr. der Rede zurückzuführen ist, welche im Besitz eines Rhetors zu rhetorischen Uebungen benutzt wurde und war, weshalb auch die grössere Interpolation kaum einer viel früheren Zeit angehören wird. Aber das sind nur Vermuthungen, die einen grössern oder geringeren Grad von Wahrscheinlichkeit nicht überschreiten. Nehmen wir aber die Abfassung der Interpolationen erst nach Dionysius Halic. an, so würde Cicero (Or. 31), welcher die Rede zusammen mit andern Demosthenischen ersten Ranges erwähnt und sie mit diesen auf gleiche Stufe zu stellen scheint, jedenfalls noch ein unverfälschtes Exemplar derselben besessen haben. Wenn aber nach des Philostr. Angabe Dio Chrysostomus unsere Rede zusammen mit Plato's Phaedon ganz besonders schätzte und liebte, so dürfen wir wohl gleichfalls annehmen, dass dem feinen Kenner der griechischen Sprache und Rhetorik die sprachlich und rhetorisch unerträglichen interpolirten Stücke aufgefallen und seine Vorliebe für diese Rede vermindert hätten. Anderseits aber beweist der etwa gleichzeitige Plutarch, dass damals schon die Interpolationen der Rede eingefügt im Umlauf waren und für Demosthenische galten. Aber da der Schreiber von Σ selbst zwei Recensionen der Rede vor sich hatte, von denen die eine das Stück 201 ff. (und wie ich glaube auch 329—40) enthielt, die andere nicht, so darf man annehmen, dass schon in der zweiten Hälfte des ersten Jahrh. n. Chr. beide Recensionen der Rede im Umlauf waren.

Ich gehe jetzt weiter an die rhetorische Gliederung der noch übrigen Theile der Rede.

Ich kann hier kurz sein. Nach Aristot. Rhet. 3, 19 ὁ ἐπίλογος σύγκειται ἐκ τεσσάρων · ἔκ τε τοῦ πρὸς ἑαυτὸν κατασκευάσαι εὖ τὸν ἀκροατὴν καὶ τὸν ἐναντίον φαύλως, καὶ ἐκ τοῦ αὐξῆσαι καὶ ταπεινῶσαι, καὶ ἐκ τοῦ εἰς τὰ πάθη τὸν ἀκροατὴν καταστῆσαι, καὶ ἐξ ἀναμνήσεως. Wenn Aristot. an einer anderen Stelle nur 3 Theile des ἐπίλογος kennt, τὸ τὰ πάθη διεγεῖραι, τὸ ἐπαινεῖν ἢ ψέγειν und τὸ ἀναμιμνήσκειν τὰ εἰρημένα, so scheint hier Theil 1 und 2 jener Eintheilung in Einen (τὸ ἐπαινεῖν ἢ ψέγειν) zusammen gezogen. Mit der letzteren Bestimmung des Epilogs als eines dreitheiligen stimmen die späteren rhetorischen Definitionen meist überein: amplificatio, δείνωσις, αὔξησις, indignatio; commiseratio, ἔλεος, conquestio; enumeratio, ἀνάμνησις, ἀνακεφαλαίωσις. Werden nur zwei Theile des ἐπίλογος angegeben, so werdem amplificatio und commiseratio zusammengezogen.

Dass mit 237 der ἐπίλογος beginnt, erkennen die Scholl. an; dass aber 199 f. schon zum ἐπίλογος gerechnet werden müssen, zu dem das Stück 192—98 den Uebergang bildet, haben wir oben gesehen. Der ἐπίλογος unserer Rede besteht aus vier Theilen und schliesst sich eng an die Definition des Aristot. an. Der erste Theil umfasst 199 f. 237—87 und man kann diesen wieder in zwei Abschnitte 199 f. 237—40 und 241—87 zerlegen, indem jener kleinere als allgemeiner Theil oder als Einleitung zum zweiten betrachtet werden kann. Der zweite Theil des ἐπίλογος umfasst 268—301; der dritte 302—14; der vierte 315—28; 41—43. Ueber das Stück 329—40 vgl. unten.

Was den ersten Theil des ἐπίλογος 199 f. 237—87 betrifft, welcher das πρὸς ἑαυτὸν κατασκευάσαι εὖ τὸν ἀκροατὴν καὶ τὸν ἐναντίον φαύλως des Aristot., hier also nur den zweiten Punkt, das κατασκευάσαι — τὸν ἐναντίον φαύλως behandelt, so habe ich über 199 f. schon gesprochen. Dem. redet zunächst kurz allgemein über das Leben des Aesch., um aus demselben mit 241 ff. einen speciellen Punkt, die Klage desselben gegen Timarch, herauszugreifen. Dass 199 f. 237—40 nur als Einleitung hierzu betrachtet werden kann, zeigt der Umstand, dass Dem. schon 200 in den Worten *οὗτος ἄλλον ἔκρινε παρ' ὑμῖν ἐπὶ πορνείᾳ* auf jenen speciellen Theil hinweist und 240 *τίνα γάρ, Αἰσχίνη, μάρτυρα* ff. dazu übergeht. Dieses Stück 199 f. 237—40 ist auch aus dem Grunde sehr angebracht, weil durch dasselbe der Uebergang der Klage selbst *περὶ παραπρεσβείας* zu andern Punkten allmälig erfolgt. 192—98 bringt ein Stück, welches in die Zeit der Gesandtschaft selbst, aber inhaltlich doch *ἔξω τῆς πρεσβείας* ist; 199 f. 237—40 entfernt sich sodann noch weiter von der eigentlichen *πρεσβεία*, behält dieselbe aber doch in mehrfachen Hinweisungen noch im Auge, bis 241 die eigentlichen *ἐπιλογικά* beginnen, die allerdings der Klage dienen, aber doch nicht in unmittelbarer Beziehung zu ihr stehen.

241—87 bildet ein eng zusammenhängendes Stück, dessen Kern und Mittelpunkt Timarch und dessen Anklage durch Aesch. bildet. Tritt auch nach 255 Timarch mehr zurück, so kommt doch 283 Dem. wieder auf denselben und damit auf den Anfang des Stückes 241 ff. zurück und schliesst erst 287 die Behandlung des Themas ab. Es ist hier unnöthig, auf den Gedankengang des Dem. genauer einzugehen, Alles fliesst schön, klar und kraftvoll dahin. 241—56 hängt insofern noch enger in sich zusammen, dass die Rede des Aesch., welche er gegen Timarch gehalten hat, gegen ihn selbst gewendet wird: 241 f. allgemein; 243 f. über die *φήμη*; 245 über den Umgang mit den sich daran knüpfenden Versen des Sophocl. 246—50, sowie den Versen des Solon mit Anwendung auf Aesch. 251—55.

Zur Amplification gehört nach der Lehre der Rhetoren der *κοινὸς τόπος*. Dem. aber hat, wie schon gesagt, den *ἐπίλογος* in vier Theile zerlegt und der *κοινὸς τόπος* findet sich 256 ff. Sehr kunstvoll knüpft Dem. denselben an die Verse des Solon an: zunächst noch von dem einzelnen Falle des Aesch. sprechend, geht er allmälig 258 im Allgemeinen auf das Verbrechen der Bestechung, des Vaterlandsverraths ein um 259 ff. die Gefahr desselben nicht blos für Athen, sondern für ganz Griechenland in furchtbarer Kraft zu schildern. Der Gedanke findet 262 seinen vorläufigen Abschluss in der Warnung an die Richter: unterdrückt sofort die ersten Versuche des Verraths, indem ihr Aesch. verurtheilt.

Sodann beginnt 263 ein neuer Theil des *κοινὸς τόπος*: das Beispiel Olynths wird den Athenern vor Augen gestellt; nur durch

Verrath ist die unglückliche Stadt ihrem entsetzlichen Schicksale anheim gefallen. 267 schliesst dieses Stück ab mit der abermaligen Mahnung zu strafen, die durch das damalige Verhalten der Athener den Verräthern Olynths gegenüber noch in schärferes Licht tritt 268. Endlich wird dieser eine Fall verallgemeinert und Dem. zeigt 269—77 das Verhalten der Athener in früheren Zeiten überhaupt gegen jeden Verrath. Dieses mahnende Beispiel der Vorfahren muss auf die Richter bestimmend einwirken, auch in diesem speciellen Falle die volle Schärfe des Gesetzes walten zu lassen 278—87. Die ganze Entwicklung von 241 oder besser gesagt von 199 an bildet eine so harmonische Einheit, in der jeder Theil aufs engste mit seinem voraufgehenden und folgenden verwachsen ist, in dem Ganzen wie in jedem kleinsten Theile ist die Kraft des Dem., die Schärfe seines Worts, seines Gedankens, seines Witzes, seiner sittlichen Hoheit so leuchtend, dass dieser Theil zu den schönsten Particeen der Rede gehört. Das Ganze kann man sehr gut mit der Definition des ersten Theils des Epilogs von Seiten des Aristot. characterisiren: κατασκευάσαι τὸν ἀκροατὴν — πρὸς τὸν ἐναντίον φαύλως. Der zweite Theil des ἐπίλογος besteht ἐκ τοῦ αὐξῆσαι καὶ ταπεινῶσαι: hier kommt nur jenes in Betracht. Wollte man den κοινὸς τόπος von den Verräthern, der mit 259 beginnt, schon zur Amplification rechnen, diese aber mit 259 beginnen, so würde jener κοινός τόπος der gewöhnlichen Lehre der Rhetorik gemäss einen Theil der Amplification bilden; jener erste Theil würde also 258 seinen Abschluss finden. Mir scheint es aber passender wegen der bestimmten Zurückbeziehung des Theils 283 ff. auf den Anfang 241 fl. das Ganze 241—87 als Einheit zu fassen und den κοινὸς τόπος als Bestandtheil dieses ersten Haupttheils des ἐπίλογος aufsufassen.

Dann beginnt also 288 die amplificatio oder αὔξησις und geht bis 301. Dieser Theil erhebt sich von dem Standpunkte einer einzelnen gerichtlichen Verhandlung zur vollen politischen Höhe. Dem. spricht es hier aus, dass es bei diesem Processe sich nicht um die einzelne Persönlichkeit des Aesch. handele, sondern um ein hochwichtiges politisches Princip. Die Entscheidung dieses Processes wird von Dem. zur Ausübung eines Scherbengerichts in seiner Bedeutung zur Zeit des Höhenpunkts des Staats gemacht: mit der Verurtheilung sollen die Athener erklären, dass sie auf dem Wege voller aufopferungsfreudiger Vaterlandsliebe bleiben und jeden Versuch, sie zum willenlosen Spielballe feiler gesinnungsloser Verräther zu machen, von sich abweisen wollen.

Die Verurtheilung des Aesch. soll einen mannhaften Entschluss, ein Aufraffen aller bessern sittlichen Kraft documentiren. Daher ist dieser Theil nur in zweiter Linie gegen Aesch., in erster gegen Eubulos, den damaligen factischen Lenker des Staats, gerichtet. Der Staat, so beginnt Dem., ist nicht mehr der erste in Hellas; er ist lange von seiner Höhe herabgesunken: und das ist geschehen und droht in noch viel furchtbarerem Grade, weil die Staatslenker, die, welche die Macht, das Ansehen Athens hochhalten oder, wo es geschwunden, wieder erheben sollten, offen sich an die Spitze derjenigen Partei gestellt haben, welche die Befriedigung ihrer eigenen Interessen in erster Linie auf ihre Fahne geschrieben haben. Vor diesen Leuten — und Eubulos wird als der erste unter ihnen genannt — sollen die Athener sich in Acht nehmen, sie sollen deren Einfluss von sich abweisen und durch die Verurtheilung des Aesch. in mannhafter Weise das Stehen auf eigenen Füssen erweisen. In vollem breiten continuirlichem Strome fliesst die Rede bis 301 fort, um zu schliessen: ταῦτα τοίνυν ἐφ᾽ ὑμῖν ἐστιν ἀμφότερα, ἐὰν βούλησθε ἀχρεῖα ποιῆσαι τήμερον, ἂν τῶν μὲν μὴ θέλητ᾽ ἀκούειν τοῖς τοιούτοις συνηγοροῦντων, ἀλλ᾽ ἐπιδείξητ᾽ ἀκύρους ὄντας ὑμῶν (νῦν γάρ φασιν εἶναι κύριοι) τὸν δὲ πεπρακόθ᾽ ἑαυτὸν κολάσητε καὶ τοῦθ᾽ ἅπαντες ἴδωσιν.

302—14 enthält den dritten Theil des ἐπίλογος, die commiseratio, τὸ εἰς τὰ πάθη τὸν ἀκροατὴν καταστῆσαι, die ἐλέου ἐκβολή. Wenn die Scholl. die ἀνακεφαλαίωσις von 302 beginnen lassen, in der Dem. nur gelegentlich auch einiges ἐκβολῆς ἐλέου ἕνεκα anbringe, so ist das falsch. In gewissem Sinne ist es allerdings ἀνακεφαλαίωσις, aber nicht zum Zwecke, den Richtern den Inhalt der Rede noch einmal kurz vorüber zu führen, sondern um die ganze Erbärmlichkeit des Aesch. in ihrer vollen Nacktheit zu zeigen. Hat Dem. schon 301 fin. die Rede auf den speciellen Fall, die Klage gegen Aesch., zurückgelenkt, so knüpft er 302 unmittelbar hier an und zeigt, dass die Richter keine passendere Gelegenheit finden können, die volle Lauterkeit ihres Patriotismus zu zeigen, als die gegenwärtige. Denn niemals gab es einen Angeklagten, der seine Strafe vollgültiger verdiente, als Aesch. Und nun wird sein ganzes politisches Verhalten noch einmal aufgerollt, aber nicht in Wiederholungen und Phrasen der früheren Theile der Rede, sondern in durchaus originaler Färbung, selbst mit ganz neuen Zügen und Thatsachen, 302—9. Mitleid mit einem solchen Schurken zu haben, wäre unerlaubt, frevelhaft, 310; hat er die Frechheit gehabt, den Ruhm der Vorfahren, bei Marathon und Salamis errungen, herabzureissen, den selbst der Barbar anerkennt, so verdient er auch den vollen Zorn der Nachkommen jener Helden, 311—13. Der Schluss dieses Theils 314 ist ein Meisterstück rhetorischer Kunst.

Haben wir somit drei Theile des ἐπίλογος in 199—314 kennen gelernt, so erwarten wir jetzt den vierten. Spengel sagt, der Schluss fehle, statt dessen finde man eine narratio, wie die Politik des Philipp die Athener getäuscht habe. Dagegen ist zu sagen, dass, da sich die ganze Rede um historische Thatsachen dreht, auch die ἀνακεφαλαίωσις dieselben enthalten muss; mit ἐπί κεφαλαίων erklärt Dem. ausdrücklich, dass er den Schluss einführt, wie er denselben ganz ähnlich de Cherson. 76 durch ἐν κεφαλαίῳ beginnt. Muss denn die ἀνακεφαλαίωσις stets eine trockene Aufzählung der einzelnen Punkte der Klage sein? Wurde nicht dadurch jede Erregung der Richter, die Dem. besonders in den letzten Theilen seiner Rede so meisterhaft hervorgerufen hatte, völlig wieder beseitigt? Wollte Dem. die Punkte seiner Klage noch einmal aufzählen, so musste er entsprechend der partitio und der Ausführung dieser zunächst die Vernichtung der Phoker in Folge des ἀπαγγέλλειν und πείθειν recapituliren; er musste sodann entweder, der partitio folgend, das Verhalten des Aesch. während der Gesandtschaft schildern, um diesem die Schuld des Aesch. durch die Bestechung von Seiten des Phil. anzuknüpfen, oder im Anschluss an die Ausführung die letzteren beiden Punkte in ihrer Reihenfolge umkehren. Dabei lasse ich den vierten Punkt, die χρόνοι, unerwähnt, weil dieser bei jenen Theilen seine Mitberücksichtigung fand. Das wäre eine durchaus sachgemässe Recapitulation, ἀνακεφαλαίωσις gewesen, ob es aber möglich gewesen wäre, dabei den Ton der trockenen Einförmigkeit zu vermeiden, steht dahin. Jedenfalls hat Dem. diesen Weg, seine Rede zu schliessen, nicht eingeschlagen. Auch er giebt eine ἀνακεφαλαίωσις der gesammten Rede, aller Klagpunkte, aber er verfährt dabei nicht so, das er diese unter erstens, zweitens ff. aufzählt, sondern indem er die gesammte Schuld des Aesch. als eine einheitliche Continuität den Richtern vorüberführt. Dabei aber thut er scheinbar, als ob er etwas ganz neues vorbringe, er will den Richtern erzählen ὃν τρόπον ἡμᾶς κατεπολιτεύσατο Φίλιππος προςλαβὼν τούτοις τοὺς θεοῖς ἐχθρούς, er meint, es sei πάνυ ἄξιον ἐξετάσαι καὶ θεάσασθαι τὴν ἀπάτην ὅλην. Wie gesagt, es ist dieses scheinbar etwas neues, aber auch nur scheinbar. Es ist die in der Rede ausgeführte Klage nur unter einem neuen Gesichtspunkte betrachtet. Vgl. hierzu Marcellin. in σχόλια εἰς στάσεις IV, 411, welcher über das καινίζειν ἀεὶ τὸν λόγον des Dem. spricht. Schon im Verlaufe der Rede selbst hat Dem. diesen Gesichtspunkt oft genug hervorgehoben, wonach die Gesandten nur als feile Helfershelfer des Phil. erscheinen, und er zeichnet z. B. die Bemühungen Philipps und der Gesandten zur Vernichtung der Phoker so dahin: Φωκέας ἀπολώλεκεν μέν, οἶμαι, Φίλιππος, συνηγωνίσαντο δ'οὗτοι. Hier wird diese Anschauung in Bezug auf sämmtliche Klagpunkte festgehalten und durchgeführt. Weshalb Dem. so handelt? Zunächst, wie schon erwähnt, um der Gefahr langweilig und trocken zu werden zu entgehen; sodann, und das ist bei weitem der Hauptgrund, um den hohen politischen Standpunkt, den er von 288 oder eigentlich schon von 259 eingenommen hat, festzuhalten. Von diesem Standpunkte aus betrachtet, erhält das Vergehen des Aesch. plötzlich ein ganz anderes Licht. Es ist nicht ein Schlag gegen Aech., der durch Verurtheilung desselben erfolgt, es ist ein Schlag gegen den schlimmsten Feind Athens, den makedonischen König selbst. Dieser ist ja der eigentliche Thäter: er hat mit feiner List das Netz gewoben, um es den Athenern über den Kopf zu ziehen. Was ist Aesch. ihm gegenüber? Nur ein unbedeutender, feiler Bösewicht, ein nichtswürdiger Helfershelfer, der dienstfertig jeden Augenblick auf die Befehle seines Königs horchend, spricht und handelt, was jener ihm befiehlt. In der That, man muss es sagen: in der Form einer äusserlich völlig objectiv gehaltenen Erzählung gelingt es Dem., den Hass, die Verachtung, die er schon in den voraufgehenden Theilen gegen Aesch. furchtbar erregt hat, noch zu steigern. Das ist wahrhaft eine ἀνακεφαλαίωσις, eine Krönung des ganzen Baus der Rede, nicht in der schablonenmässigen Form eines rhetorischen Lehrbuchs, sondern im Geiste und in der Kraft eines Dem. Dabei berücksichtigt Dem. alle Punkte der Klage selbst, wenn er sie auch nicht namentlich aufzählt, sodass wir auch inhaltlich im vollsten Sinne eine ἀνακεφαλαίωσις vor uns haben.

Bevor wir, um die Klarheit und Schönheit dieses Schlusses der Rede nachzuweisen, etwas genauer auf denselben eingehen, müssen wir zunächst das Stück 332—36 betrachten, dem sich dann noch 337—40 und 329—31 anschliessen wird. Es ist nicht schwer, das Stück 332—36 als undemosthenisch zu erweisen. Was die Stellung desselben betrifft, so stimmen wohl Alle darin überein, es als

äusserst unpassend zu bezeichnen. Selbst wenn man in 315 ff. keine zweckentsprechende ἀνακεφαλαίωσις sehen wollte, würde doch die Einfügung einer προκατάληψις ganz am Schlusse der Rede etwas geradezu unerhörtes sein. Schon Photius hat dieses, auf die Meinung Anderer sich stützend, mit vollem Rechte gefunden; er sagt: καὶ μέντοι καὶ τὸν παραπρεσβείας λόγον τινὲς ἐν ὑπομνήμασί φασι καταλειφθῆναι, ἀλλ' οὐ πρὸς ἔκδοσιν οὐδὲ πρὸς τὸ τῆς ἐργασίας ἀπηρτισμένον γεγράφθαι. διὰ τί; διότι μετὰ τὰ ἐπιλογικὰ πολλά τε ὄντα καὶ σχεδὸν τὸ πλεῖστον μέρος ἐπέχοντα πολλὰς πρὸ αὐτῶν ἀντιθέσεις εἰπὼν πάλιν ἐπὶ ἀντιθέσεις ἐτράπετο ὅπερ ἀνοικονόμητόν τέ ἐστι καὶ διερριμμένον. Dass Photius hier besonders unser Stück im Auge hat, ist unzweifelhaft: denn er sagt ausdrücklich, dass die gerügten Theile sich am Schlusse der ἐπιλογικά befinden. Aber auch der andere Tadel des Phot. bezieht sich ohne Zweifel auf dieselbe Sache. Er sagt: μάλιστα ὁ κατ' Αἰσχίνου λόγος παρέσχεν αἰτίαν ἐν ὑπομνήμασι καταλελεῖφθαι, οὔπω τὴν ἐργασίαν ἀπειληφὼς τελείαν. διότι καὶ ἃ πρὸς τὴν κατηγορίαν πολλὴν ἔσχε τὴν ἀμυδρότητα καὶ κοιφότητα ἐπὶ τῇ τελετῇ τοῦ λόγου παρέθειο, ὅπερ οὐκ ἂν περιεῖδεν ὁ ῥήτωρ εἰς ἐξέτασιν ἀκριβεστέραν τῶν ἰδίων λόγων καταστάς. Voemel hilft sich damit, dass er das Stück 332—40 hinter §. 101 setzt, also zwischen 101 und 102 einschiebt, worauf er dann wieder nach 133 das Stück 315—31, ferner 150—233 folgen lässt, um wieder mit 134—49 fortzufahren und endlich mit den Stücken 234—314 und 341—43 die Rede zu schliessen. Ein solches Verfahren entbehrt jeder innern Berechtigung. Man müsste dabei annehmen, nicht bloss dass die älteste Hdschr. dieser Rede in unerhörter Weise ihre Blätter durcheinander geworfen hätte, sondern auch, dass diese Blätter stets völlig in sich zusammenhängende Stücke umfasst hätten, am Ende des Blattes das Ende des Satzes und Abschnittes. Das kann in Einem Falle einmal zufällig zutreffen: aber hier für eine ganze Reihe von Fällen anzunehmen, ist geradezu unmöglich. Und wenn mit Voemels Anordnung noch eine unzweifelhaft rhetorisch richtige Theilung der Rede erzielt würde: aber auch das ist nicht der Fall. Auch Spengel denkt an eine Umstellung, die allerdings innerlich viel berechtigter ist: er will an Stelle von 134—49 (142 Zeilen nach Reiske) die Erzählung 315—31 (153 Zeilen) einschieben. Aber zunächst müsste man auch dann annehmen, dass wenigstens Ein Stück

315—31 am Schlusse des Blatts das Ende des ganzen Abschnitts gehabt hätte; für das zweite Stück wäre dies nicht nöthig anzunehmen, indem nach 149 die abgerissenen Worte ἀλλὰ νὴ Δία τοὺς συμμάχους ἀπειρηκέναι φήσει τῷ πολέμῳ folgen und man also annehmen könnte, diese Worte seien die letzten des Blatts gewesen, in welchem Falle man jedenfalls den Verlust Eines Blattes annehmen müsste. Die Schlussworte von 149 ὅτι γὰρ ταῦθ᾽ οὕτω πέπρακται καὶ ἐκ τῶν ἐπιλοίπων ἔτι μᾶλλον εἴσεσθε hätten dann das Blatt begonnen, auf welchem 150 ff. steht. Sodann aber wäre anzunehmen, dass diejenigen Blätter, welche 315—31 oder 153 Zeilen umfasst hätten, denjenigen auf welchen die 142 Zeilen des Stücks 134—49 standen entsprochen hätten: wir müssen hier an zwei Blätter denken; aber diese Annahme, dass zwei Blätter von zwei andern einer und derselben Hdschr. um volle 11 Zeilen differirt hätten, ist äusserst bedenklich. Auch sollen nach Spengel nicht die Stücke 134—49 und 315—31 einfach vertauscht werden, sondern dieses letztere soll sich dann erst noch einen kaum auffindbaren Platz in der confutatio zwischen 182—233 suchen. Endlich aber würde aus Spengels Anordnung das Fehlen des Schlusses der Rede sich ergeben: nur 341—43 bleiben, die, da sie allein keinen Schluss geben, völlig in der Luft schweben.

Doch ich kehre zu dem Stücke 332 ff. zurück. Haben wir gesehen, dass jede Umstellung grösserer Partieen sehr bedenklich ist, so müssen wir fragen, ob denn das Stück 322 ff. wirklich eine innere Berechtigung für die Einnahme dieses Platzes oder überhaupt eines Platzes habe. Und da habe ich schon erwähnt, dass das Urtheil über den Platz, welchen sie jetzt einnehmen, wohl übereinstimmend ist. Prüfen wir nun aber, ob das Stück wirklich überhaupt Demosthenisch ist. Aeschin. spricht allerdings von Chares 71—73; die Erwähnung desselben 90. 92 ist nur zufällig und kommt für die Anklage nicht in Betracht. Jene Stelle, in der Aesch. von Chares, dem Führer der athenischen Truppen im Kriege gegen Philipp bis zum Friedensschlusse 346 und von der Lage Athens überhaupt zur Zeit der Friedensverhandlungen spricht, kommt nun aber für eine vernünftige Betrachtung gar nicht in Frage. Die hier berichteten Umstände liegen vor dem Zeitpunkte von dem die Klage des Dem. beginnt, wie er selbst 94 bestimmt sagt: die ganze Frage hat Dem. 91 ff. eingehend erörtert und ist auch 147 von einem andern Gesichtspunkte aus dahin zurückgekehrt. Darin aber zeigt sich die volle Gedankenlosigkeit und Ungeschicktheit des Interpolators, dass er, weil Dem. oben von den στρατηγοί überhaupt spricht und nicht den Chares mit Namen nennt, während dieses von Aesch. geschieht, meint, der Einwurf sei überhaupt von Dem. gar nicht bedacht. Dass Aesch. von der Lage Athens, von den Unglücksfällen des Kriegs sprechen würde, wodurch Athen zum Friedenschluss gezwungen sei, das ist selbstverständlich von Dem. vorausgesehen und die Richter sind genügend auf dieses Manoeuvre des Gegners aufmerksam gemacht: eine specielle Nennung des Chares war völlig unnöthig und an Dieser Stelle sinnlos. Schon der Inhalt dieser προκατάληψις erweist sie daher als undemosthenisch.

Eingeführt wird sie wieder, wie der Interpolator seine Machwerke einzuleiten liebt, indem er auf das im Grunde Unpassende derselben selbst aufmerksam macht: εἶπε τοίνυν μοί τις ἄρτι προςελθών πρὸ τοῦ δικαστηρίου πρᾶγμα καινότατον πάντων, Χάρητος κατηγορεῖν αὐτὸν παρεσκευάσθαι —: und sodann: καὶ οὕτω τοίνυν κομιδῇ γέλως ἐστὶ κατηγορεῖν ἐκείνου τουτονί. Vgl. dazu Phil. IV, 20 ἐπεὶ νῦν γε γέλως ἔσθ' ὡς χρώμεθα τοῖς πράγμασιν —. Der Vf. hebt nun 333 ebenso wie 234—36 die Zeit hervor, in welche dieser Punkt fällt, um zu zeigen, dass er mit der Zeit, um welche seine Klage sich dreht, absolut nichts zu thun hat. Gerade diese Ausführung zeigt aber so recht die Gedankenarmuth des Vf.; er entlehnt sie fast wörtlich andern Stellen, zumeist 93. Vgl. die Zusammenstellung

333:
ἐγὼ γὰρ Αἰσχίνην οὐδενὸς αἰτιῶμαι τῶν ἐν τῷ πολέμῳ πραχθέντων,
τούτων γάρ εἰσιν οἱ στρατηγοὶ ὑπεύθυνοι,

οὐδὲ τοῦ ποιήσασθαι τὴν πόλιν εἰρήνην,
ἀλλ' ἄχρι τούτου πάντ' ἀφίημι.
τί οὖν λέγω καὶ πόθεν ἄρχομαι κατηγορεῖν;
τοῦ ποιουμένης τῆς πόλεως εἰ-

93:
βούλεταί τις τούτου κατηγορεῖν περὶ τῶν ἐν τῷ πολέμῳ πραχθέντων.
(Im Anklang an 96: εἰ γάρ τις ὡς ἀληθῶς χαίρει τῇ εἰρήνῃ· τοῖς στρατηγοῖς ὧν κατηγοροῦσιν ἅπαντες χάριν αὐτῆς ἐχέτω.)

οὐδ' ὑπὲρ αὐτοῦ τοῦ ποιήσασθαι τὴν πόλιν εἰρήνην·
οὐ γὰρ οὗτος αἴτιος.
τί οὖν λέγεις, εἴ τις ἔροιτό με, καὶ πόθεν ἄρχει κατηγορεῖν;
ὅθεν — βουλευομένων ἡμῶν

ρήνην Φιλοκράτει συνειπεῖν, ἀλλὰ μὴ τοῖς τὰ βέλτιστα γράφουσιν (ποιουμένης τῆς πόλεως εἰρήνην durchaus unpassend) τοῦ δώρ' εἰληφέναι, τοῦ μετὰ ταῦτ' ἐπὶ τῆς ὑστέρας πρεσβείας τοὺς χρόνους κατατρῖψαι καὶ μηδὲν ὧν προςετάξαϑ' ὑμεῖς ποιῆσαι τοῦ φενακίσαι τὴν πόλιν καὶ παραστήσαντας τὰς ἐλπίδας ὡς ὅσα βουλόμεϑ' ἡμεῖς Φίλιππος πράξει, πάντ' ἀπολωλεκέναι.

οὐ περὶ τοῦ εἰ ποιητέον εἰρήνην ἢ μή (ἐδέδοκτο γὰρ ἤδη τοῦτό γε) ἀλλ' ὑπὲρ τοῦ ποίαν τινὰ τοῖς τὰ δίκαια λέγουσιν ἀντειπὼν τῷ μισϑοῦ γράφοντι συνεῖπε δῶρα λαβών. καὶ μετὰ ταῦτ' ἐπὶ τοὺς ὀρτοὺς αἱρεϑεὶς — 178: τοὺς χρόνους κατατρίψαντα 94: ὧν μὲν ὑμεῖς προςετάξατε οὐδ' ὁτιοῦν ἐποίησεν 178: φενακίσανϑ᾽ ὑμᾶς 328: ὑμεῖς δ᾽ ἅπερ εὔξαισϑ᾽ ἂν ἐλπίσαντες τἀναντία τούτων ἑοράκατε γιγνόμενα.

Was diese letztere Stelle betrifft, so glaube ich, obgleich Dem. mehrmals und in ähnlicher Weise von dem Erregen falscher Hoffnungen spricht, doch bestimmt, dass der Vf. die Stelle 328 vor Augen gehabt hat. Nicht nur dass die einzelnen Gedankentheile sich entsprechen, dem παραστήσαντας τὰς ἐλπίδας das ἐλπίσαντες, dem ὅσα βουλόμεϑ᾽ ἡμεῖς das ἅπερ εὔξαισϑ᾽ ἄν, dem (τοῦ) πάντ᾽ ἀπολωλεκέναι das τἀναντία τούτων ἑοράκατε γιγνόμενα, der Vf. verräth seine Quelle selbst durch ungeschickte Benutzung derselben. Dem. nemlich spricht 328 von den Athenern und diese sind das Subj. des Satzes; da unser Vf. von Aesch. spricht und dieser das Gedankensubj. des Satzes 333 ist, so ändert er sachgemäss das ἐλπίσαντες in παραστήσας τὰς ἐλπίδας. Dabei widerfährt ihm aber das Unglück, dass er den plur. in ἐλπίσαντες beibehält und daher παραστήσαντας schreibt, obgleich er in den Sätzen vorher und im Satze selbst ganz bestimmt von Aesch., den er mit Namen nennt, allein spricht. Der Schluss τοῦ μετὰ ταῦϑ᾽ ἑτέρων προλεγόντων φυλάττεσϑαι τὸν τοσαῦτ᾽ ἠδικηκότα τοῦτον ἐκείνῳ συνηγορεῖν stützt sich auf das 109 ff. erzählte. Dem. schiebt dort, unter Annahme, Aesch. sei nicht bestochen gewesen, sondern habe in gutem Glauben die Versprechungen des Phil. angenommen, demselben die Worte in den Mund: ἐπίστευσα, ἐξηπατήϑην, ἥμαρτον, ὁμολογῶ. τὸν δὲ ἄνϑρωπον ἄνδρες Ἀϑηναῖοι φυλάττεσϑε: daraus macht der Vf. diese Antithese.

334 entlehnt der Vf. nur dem Gedanken nach aus dem obigen Stücke des Dem. Auch dort wird auseinander gesetzt, dass Aesch. ohne Zweifel zu seiner Vertheidigung den Frieden mit hereinziehen werde, der an und für sich immer lobenswerth, durch ihn ἐπικίνδυνος καὶ σφαλερὰ καὶ ἄπιστος geworden sei. Auch hier heisst es δικαίαν εἰρήνην καὶ ἴσην — ὕστερον κἂν ἐπῄνουν. Aber auch hier verfährt der Vf. gedankenlos, denn indem er sagt ἐπεὶ δικαίαν εἰρήνην καὶ ἴσην καὶ μηδὲν πεπρακότας ἀνθρώπους μηδὲ ψευσομένους ὕστερον κἂν ἐπῄνουν καὶ στεφανοῦν ἐκέλευον, stellt er εἰρήνην und ἀνθρώπους auf ganz gleiche Stufe, sieht aber nicht, dass das zweite verb. καὶ στεφανοῦν nur auf das ἀνθρώπους passt. Daher sind auch die Varianten der Hdschr. zu erklären, welche den Schaden zu heilen suchen: einige haben nach ἐπεὶ ein εἰ und nach ἴσην ein ἑώρων eingeschoben, andere schieben nach ἴσην πεποιημένους ein, aber die durch Σ vollgültig bezeugte L. A. ist allein die richtige und erweist die Ungeschicklichkeit des Interpolators von Neuem. Zu ἀνθρώπους μηδὲ ψευσαμένους ὕστερον vgl. 97: μηδὲν δ᾿ ὕστερον ἐξηπάτησθ᾿ ὑμεῖς —. Die folgenden Worte στρατηγὸς δ᾿ εἴ τις ἠδίκηκεν ὑμᾶς· οὐχὶ κοινωνεῖ ταῖς νῦν εὐθύναις. ποῖος γὰρ στρατηγὸς Ἄλον — ἀπολώλεκεν; ff. sind nur eine Ausführung des Gedankens 97: οὐ γὰρ Αἰσχίνης ὑπὲρ τῆς εἰρήνης κρίνεται — 95: ὡς ὑπὲρ εἰρήνης κρινόμενος ἀπολογήσεται und des ebendaselbst ganz allgemein gegebenen, dass das, auf welches sich die Klage bezieht, die Vernichtung von Phokis und Thrakien, erst nach dem Frieden und zwar ausschliesslich durch Aesch. und seine Gesellen verloren gegangen sei. Ausser 325 f., die der Vf. offenbar zunächst vor Augen gehabt hat, vgl. 94: τοὺς δ᾿ ἐπὶ τοῦ πολέμου διασωθέντας ἀπώλεσε τῶν συμμάχων — 96: τὸ γὰρ ἀσφαλὲς τῆς εἰρήνης καὶ τὸ βέβαιον οὗτοι προὔδοσαν Φωκέας καὶ Πύλας — 97: εἰ γὰρ ἡ μὲν εἰρήνη ἐγεγόνει μηδὲν δ᾿ ὕστερον ἐξηπάτησθ᾿ ὑμεῖς μηδ᾿ ἀπωλώλει μηδείς· τίν᾿ ἀνθρώπων ἐλύπησεν ἂν ἡ εἰρήνη —; Spricht Dem. hier nur von Phokis, so geht er 156 auf das ein, was die Gesandten durch ihr Zögern auf der Reise in Thrakien dem Philipp in die Hände geliefert haben: ἐν δὲ τούτῳ Δόρισκον Θρᾴκην τἀπὶ Τειχῶν, Ἱερὸν ὄρος, πάντα τὰ πράγματα ἐν εἰρήνῃ καὶ σπονδαῖς ᾕρει καὶ διῳκεῖθ᾿ ὁ Φίλιππος. 174: Φωκέας ἐκσπόνδους καὶ Ἁλέας ἀπέφηναν καὶ Κερσοβλέπτην παρὰ τὸ ψήφισμα —. Die Aufzählung alles dessen, was durch Aesch. ver-

loren gegangen ist 334, ist eine sehr gewissenhafte Zusammenstellung aller nur irgendwo in dieser Beziehung von Dem. erwähnten Punkte: ob sie aber dadurch einerseits wirkungsvoller, andererseits innerlich berechtigter wird, möchte ich bezweifeln. Der Vf. sagt: ποῖος γὰρ στρατηγὸς Ἄλον, τίς δὲ Φωκέας ἀπολώλεκεν; τίς δὲ Δόρισκον; τίς δὲ Κερσοβλέπτην; τίς δ᾽ Ἱερὸν ὄρος; τίς δὲ Πύλας; Alle diese Punkte sind in den angeführten Stellen des Dem. schon zusammengestellt. Sodann heisst es weiter: τίς δὲ πεποίηκεν ἄχρι τῆς Ἀττικῆς ὁδὸν διὰ συμμάχων καὶ φίλων εἶναι Φιλίππῳ; τίς δὲ Κορώνειαν, τίς δ᾽ Ὀρχομενόν, τίς δ᾽ Εὔβοιαν ἀλλοτρίαν, τίς Μέγαρα πρῴην ὀλίγου; τίς Θηβαίους ἰσχυρούς; Zunächst erscheint es unpassend, das πεποίηκεν, welches das verb. des ersten Satzes ist, zu den andern in anderer Bedeutung zu ergänzen; dort steht es in der Construction des acc. c. inf.: πεποίηκεν — ὁδόν — εἶναι; im folgenden muss zu τίς — Κορώνειαν — ἀλλοτρίαν gleichfalls πεποίηκεν, hier also mit doppeltem acc. construirt, ergänzt werden; zu dem τίς Μέγαρα πρῴην ὀλίγου muss dann ausser dem πεποίηκεν auch noch ἀλλότρια ergänzt werden und endlich zu der letzten Frage τίς Θηβαίους ἰσχυρούς wieder πεποίηκεν. Was Koronea und Orchomenos betrifft, so sagt Dem. 112: τὸν δ᾽ Ὀρχομενὸν καὶ τὴν Κορώνειαν προςεξηνδραπόδισται. vgl. 141. 148. 325. Ueber Euboea spricht Dem. mehrmals: Aesch. hatte in Bezug auf diese Insel Versprechungen gemacht im Namen Philipps. 83 heisst es: solange Pylae im Besitze der Phoker gewesen, ἄδει᾽ ὑπῆρχεν ἡμῖν καὶ τὸ μηδέποτ᾽ ἐλθεῖν ἂν εἰς Πελοπόννησον μηδ᾽ εἰς Εὔβοιαν μηδ᾽ εἰς τὴν Ἀττικὴν Φίλιππος μηδὲ Θηβαίους. 87: καὶ μὴν καὶ μετὰ ταῦτα, ὁσάκις πρὸς Πορθμῷ ἢ πρὸς Μεγάροις ἀκούοντες δύναμιν Φιλίππου καὶ ξένους ἐθορυβεῖσθε πάντες ἐπίσιασθε. οὐ τοίνυν εἰ μήπω τῆς Ἀττικῆς ἐπιβαίνει δεῖ σκοπεῖν. 127: εἰς μέσας τὰς Θήβας καὶ τὸ τῶν Θηβαίων στρατόπεδον βαδίζειν. Vgl. 325 f. Von der durch Phil. vergrösserten Macht der Thebaner spricht Dem. 141. 148. Es ist fast kein einzelnster Ausdruck der obigen Aufzählung, der nicht in den eben angeführten Stellen des Dem. sein unmittelbares Vorbild hat. Im Uebrigen vgl. auch die Stellen de cor. 195; de pace 10; de Cherson. 18; Phil. III, 10, 17 f., 27, 33; Phil. IV, 8 f. Aber wo der Vf. auch nur Einen Schritt selbständig zu gehen sucht, verräth er seine Unkenntniss. Zunächst ist es schon durchaus unpassend zu sagen: τίς δὲ Κορώνειαν, τίς δ' Ὀρχομενόν — ἀλλοτρίαν scl. πεποίηκεν: ἀλλοτρίαν — ποιεῖν soll doch ohne Zweifel heissen „den Athenern entfremden": aber die Städte waren nie im Besitz der Athener gewesen; sie waren von den Phokern besetzt worden und zu Stützpunkten ihrer Operationen gegen Theben gemacht; wenn Dem. oben sagt τὸν δ' Ὀρχομενὸν καὶ τὴν Κορώνειαν προςεξηνδραπόδισται (Φίλιππος) so ist damit etwas völlig anderes berichtet, als in dem ἀλλοτρίαν πεποίηκεν liegt. Ein grober historischer Fehler ist es aber, wenn unser Vf. sagt: Εὔβοιαν ἀλλοτρίαν — πεποίηκεν. Es ist dem Dem. nie in den Sinn gekommen, derartiges dem Aesch. vorzuwerfen. Euboea war schon 350, also noch lange vor der Vernichtung Olynths, den Athenern verloren gegangen und die begründeten Zustände auf der Insel sind bis über die Verhandlung des Processes περὶ παραπρεσβείας hinaus stets dieselben geblieben. Es ist also ein Unsinn zu sagen, Aesch. habe Euboea den Athenern entfremdet. Der Vf. hat eben die Anklage des Dem., der dem Aesch. nur vorwirft, dass er in Bezug auf Euboea den Athenern gleichfalls vage Hoffnungen erregt habe, als werde Philipp die Insel den Athenern wieder verschaffen, völlig missverstanden: er liefert so abermals ein bündiges Zeugniss für sein eigenes Machwerk. In der Einführung der Sätze ποῖος — τίς — τίς ff. hat der Vf. wohl 282 sich zum Muster genommen: aber hier ist eine durchaus kunstvoll rhetorische Gliederung: auf drei mit ποῖος eingeleitete ganz kurze Sätze, welche concrete Leistungen des Aesch. enthalten (ἵππος, τριήρης, στρατεία) folgen drei durch τίς eingeleitete ebenso bestimmte (χορός, λειτουργία, εἰςφορά), um diesen beiden Reihen zwei allgemeine Leistungen anzufügen, in denen jene gleichsam mit enthalten sind (εὔνοια, κίνδυνος), die nun aber in umgekehrter Reihenfolge durch τίς und ποῖος eingeleitet werden, während alle Einzelheiten endlich in τί τούτων ἐν παντὶ τῷ χρόνῳ ff. noch einmal zusammengefasst werden. In der Aufzählung 934 folgen auf die erste Frage mit ποῖος eilf andere mit τίς eingeleitet: der Vf. hätte jedenfalls besser gethan, wenn er auch in der ersten Frage das ποῖος durch das passendere τίς ersetzt hätte.

335 schliesst sich eng an 333 an: der erste Satz wiederholt den dort und an vielen Stellen von Dem. selbst ausgesprochenen Gedanken noch einmal. Der folgende Satz ἂν τοίνυν ταῦτα μὲν φεύγῃ ff. ist mit 92 ff. zu vergleichen; vgl. ebenso 88 οἶδα — ὅτι — τοὺς —

λόγους φεύξεται —. Der Unterschied des vorliegenden Stücks mit 88 ff. 91 ff. besteht darin, dass Dem. dort vom Frieden spricht, dessen Aesch. nicht angeklagt werde, an dessen Resultaten ihn keine Schuld treffe, während unser Vf. hier vom Kriege spricht und den durch die Feldherrn verschuldeten Zufällen desselben: wesentlich aber haben diese beide Stücke die grösste Aehnlichkeit und dass unser Vf. jenes benutzt hat, ergieht sich aus der Uebereinstimmung der Ausdrücke. Der letzte Satz endlich τί οὖν εἴ τι Δημοσθένης ἠδίκει νῦν λέγεις ἀλλ᾽ οὐχ ὅτε τὰς εὐθύνας ἐδίδου κατηγόρεις; δι᾽ αὐτὸ γὰρ εἰ τοῦτ᾽ ἀπολωλέναι δίκαιος berücksichtigt das interpolirte Stück 211 f. βουλομένου γὰρ ἐμοῦ — λόγον ὑμῖν δοῦναι δίς — ἀπηγόρευε μὴ καλεῖν — und 212 fin.: τοῦτο τὸ ἔργον — ἐπιδείκνυσι — μηδὲν ἀληθὲς ἐροῦντα περὶ ἐμοῦ. εἰ γὰρ εἶχεν· τότ᾽ ἂν καὶ λέγων καὶ κατηγορῶν ἐξητάζετο, οὐ μὰ Δί᾽ οὐκ ἀπηγόρευε καλεῖν. Dass die ganze Erzählung auf einer falschen Voraussetzung beruht, habe ich schon oben gesagt.

336 geht noch einmal auf das Stück 88—97 zurück: die Worte μὴ λέγε ὡς καλὸν εἰρήνη μηδ᾽ ὡς συμφέρον, sind inhaltlich in 88 διέξεισιν ἡλίκα πᾶσιν ἀνθρώποις ἀγάθ᾽ ἐκ τῆς εἰρήνης γίγνεται — 97 ἡ δ᾽ ὑπὲρ τῆς εἰρήνης ἀπολογία καὶ εἰ μηδὲν ἄλλο, τοὔνομα γοῦν ἔχει φιλάνθρωπον. 336 οὐδεὶς γὰρ αἰτιᾶταί σε τοῦ ποιήσασθαι τὴν πόλιν εἰρήνην vgl. mit 93 οὔκουν οὐδ᾽ ὑπὲρ αὐτοῦ τοῦ ποιήσασθαι τὴν πόλιν εἰρήνην οὐδὲν αὐτῷ λεκτέον. οὐ γὰρ οὗτος αἴτιος. 336 ἀλλ᾽ ὡς οὐκ αἰσχρὰ καὶ ἐπονείδιστος vgl. mit 97 εἰρήνη μὲν οὖν δι᾽ ἐκείνους, ἐπικίνδυνος δὲ καὶ σφαλερὰ καὶ ἄπιστος διὰ τούτους γέγονεν —. 336 καὶ πόλλ᾽ ὕστερον ἐξηπατήμεθα καὶ πάντ᾽ ἀπώλετο, eine überall in der Rede wiederkehrende Anklage. τούτων γὰρ ἁπάντων ἡμῖν αἴτιος σὺ δέδειξαι vgl. 97 fin. νῦν δ᾽ οἶμαι πολλῶν αἴτιος οὗτος. 336: καὶ τί δὴ μέχρι νυνὶ τὸν τὰ τοιαῦτα πεποιηκότ᾽ ἐπαινεῖς; berücksichtigt genau den 109 f. von Dem. gegebenen Beweis des Bestochenseins des Aesch. Unser Vf. schliesst: ἂν οὕτω φυλάττητ᾽ αὐτόν (vgl. 97 εἰργετ᾽ οὖν, εἴργετ᾽ αὐτόν — τῶν λόγων) οὐχ ἕξει τί λέγῃ, ἀλλὰ τὴν ἄλλως ἐνταῦθ᾽ ἐπαρεῖ τὴν φωνὴν καὶ πεφωνασκηκὼς ἔσται.

Ueberblicken wir das Stück 332—36 noch einmal, so bemerken wir, dass der Vf. allerdings von einem einzelnen Einwurfe des Aesch., der Beschuldigung des Chares ausgeht, dass er aber in der Widerlegung desselben einen allgemeineren Standpunkt einnimmt. Das

Stück enthält ganz offenbar eine Zusammenfassung aller Vorwürfe, aller Klagpunkte, die gegen Aesch. von Dem. erhoben werden: es ist eine ἀνακεφαλαίωσις, welche ähnlich wie z. B. 178 ff. diejenigen Punkte, um welche sich die Klage dreht, hervorhebt. Während aber jeder ἀνακεφαλαίωσις das eigen sein muss, dass das wirklich wesentliche, die Hauptsache allein betont wird, die Nebensachen aber fortbleiben, verfolgt unser Vf. das Ziel, alles, auch das unbedeutendste, zusammenzusuchen. Zunächst stellt er die Zeitmomente auf, durch welche die Klage ihrem Umfange nach bestimmt wird und schreibt hier wörtlich den Dem. aus. Hebt Dem. 179 f. aus der ganzen Klage den Verrath von Phokis uud Thrakien als vor Allem in Betracht kommend heraus, so sammelt unser Vf. in Einem langathmigen Fragesatze allein zwölf Punkte, in denen das Wichtigste und das Unbedeutendste in gleicher Reihe zu stehen kommt. Es ist mir nicht zweifelhaft, dass der Vf. wirklich beabsichtigt hat, das Stück 332 ff. als ἀνακεφαλαίωσις gelten zu lassen, in dem Glauben, die Rede entbehre eines wirklichen Schlusses. Er geht von einem einzelnen Einwurfe aus, den er aus des Aesch. Rede noch herausgefunden hat, um im Verfolge desselben eine förmliche ἀνακεφαλαίωσις, eine Aufzählung sämmtlicher dem Aesch. vorgeworfener Verbrechen, zu geben.

Sehen wir nun aber die Verbindung dieses Stücks mit dem vorhergehenden an, so ergiebt sich dass schon die Paragraphen 329—31 einen durchaus fremdartigen undemosthenischen Character an sich tragen. Während nämlich die Rede von 315—28 einen stetig fortschreitenden Fluss hat, der Eine Gedankenreihe verfolgend mit dem Schlusse von 328 unmittelbar an der Gegenwart angekommen ist, springt 329 plötzlich wieder in die Beweisführung zurück, die hier nicht blos unangebracht, sondern geradezu unerträglich ist. Ein grosses Bedenken erregt sogleich die schwankende L. A. Σ hat ὅτι γὰρ ταῦθ᾽ ἁπλῶς δεδωροδόκηνται καὶ τιμὴν ἔχουσιν ἁπάντων τούτων οὗτοι, während eine alte Randbemerkung der Hdschr. die Variante hat: ὅτι γὰρ ταῦθ᾽ οὕτως ἔχει καὶ δεδωροδόκηνται καὶ τιμὴν ἔχουσιν ἁπάντων οὗτοι. Die L.A. des cod. Σ, welche auch die von Laur S. sowie der meisten Hdschr. ist, würde die Uebersetzung verlangen: die Gesandten sind in Bezug hierauf (ταῦτα acc.) bestochen; das widerspricht aber dem constanten Gebrauche des Worts δωροδοκεῖν, welches bei Dem. nur „Geschenke nehmen" heisst, völlig der Etymologie des Worts entsprechend.

Die Bedeutung Geschenke geben" ist erst von spätern Schriftstellern angewandt, mit der dann die „bestechen" zusammenhängt. In der Bedeutung „Geschenke nehmen" findet sich das Wort bei Dinarch. und Aesch. auch mit hinzugesetztem Obj. und im passiv: χρυσίον δεδωροδοκούμενον, τὰ δεδωροδοκηθέντα σοι. Das δεδωροδόκηνται unserer Stelle ist völlig undemosthenisch und dem ältern Sprauchgebrauche überhaupt widersprechend: zu vergleichen ist das erst bei Poll. sich findende ὁ δεδωροδοκημένος. Durch Voemels Emendation ταῦθ᾽ ἁπλῶς δεδωροδόκηται wird der Sache nicht viel geholfen, da das δωροδοκ. in dieser Verbindung überhaupt in der Bedeutung „verrathen" gefasst werden müsste: die Emendat. findet aber in den Hdschr. durchaus keine Stütze und ist deshalb zu verwerfen. Aus dem Bestreben zu helfen ist auch die Variante zu erklären, welche οὕτως ἔχει καὶ einschiebt. Es scheint also sofort der Anfang dieses Stücks auf die Interpolation hinzuweisen.

Auch hier wieder sucht der Vf. durch Phrasen sein Verfahren, ganz am Schluss zum Beweise noch einmal zurückzukehren, was aller Rhetorik ins Gesicht schlägt, zu rechtfertigen; er sagt: πολλαχόθεν μὲν ἔγωγ᾽ οἶμαι δῆλον ὑμῖν εἶναι πάλαι ˈκαὶ δέδοικα μὴ τοὐναντίον οὗ βούλομαι ποιῶ σφοδρ᾽ ἀκριβῶς δεικνύναι πειρώμενος διοχλῶ πάλαι τουτ᾽ αὐτοὺς ὑμᾶς εἰδότας, ὅμως δ᾽ ἔτι καὶ τόδ᾽ ἀκούσατε. Mit ähnlichen Umschweifen sahen wir schon oben den Vf. seine Zusätze einführen. Laur S. und Marg. antiq. Σ hat statt τοῦτ᾽ αὐτοὺς ὑμᾶς εἰδότας das noch umständlichere τοῦτ᾽ (oder τοὺς) αὐτοὺς ὑμᾶς ἑωρακότας καὶ εὖ εἰδότας, ebenso wie in dem gleichfalls interpolirten 204.

Was nun den 330 f. behandelten Gedanken betrifft, so ist derselbe geradezu absurd. Der Vf. sagt: „ihr Athener würdet gewiss nicht die Gesandten Philipps durch irgend eine Wohlthat ehren und zwar einfach aus dem Grunde, weil dieselben nicht eure, sondern Philipps Interessen vertreten, und der Mensch nur denen Wohlthaten zu erweisen pflegt, die ihm wieder geneigt sind. Glaubt ihr nun, dass Philipp anders denkt und den Gesandten so grosse Geschenke macht, weil dieselben Eure Interessen verfolgt haben? Keineswegs." Wenn der Pseudo-Dem. hier die von Philipp den Gesandten gegebenen ξένια im Auge hat und aus dem Umstande, dass der König ihnen überhaupt irgend etwas angenehmes, eine Wohlthat erzeigt, den Athenern den Schluss zurechtlegen will, schon aus dem Geben, dem Anbieten der Geschenke folge, dass diejenigen, denen diese Anerbietungen gemacht wurden, Wohlthäter des Philipp, in seinem Interesse handelnd, also von ihm bestochen gewesen seien, da man nur denen Wohlthaten zu erweisen pflege, die einem wieder Gutes erweisen, so hat er erstens nicht bedacht, dass Phil. dem Dem. ebenso jene Geschenke anbot, nach Dem. eigenem Berichte, wie den übrigen Gesandten, dass daraus also folgen würde, auch Dem. sei bestochen gewesen. Denn man beachte die Form der Beweisführung wohl: der Vf. sagt ausdrücklich, man erweise nur demjenigen Wohlthaten, der seinerseits gleichfalls das Interesse des Gebers wahrnehme. Wollte also Phil. dem Dem. Geschenke machen, so musste er doch von ihm ebenso, wie von den andern wissen, dass er gleichfalls des Phil. $εὐεργέτης$ sei. Alles beweisende Gewicht ruht einzig und allein auf dem $διδόναι$ des Phil., mag dieses nun ein blosses Anbieten, oder ein wirkliches Verabfolgen sein. Das wird in dem ersten Satze, in Bezug auf die Athener, zum Mittelpunkte gemacht und ebenso im zweiten Satze in Bezug auf Philipp. Wie die Athener Niemandem eine Wohlthat erweisen, von dem sie nicht bestimmt wissen, dass er das Interesse des Staats fördert, so wird Phil. auch Niemandem dieselbe erweisen, wenn er nicht gleichfalls weiss, dass der, dem er die Gabe zugedacht hat, sein Interesse fördert. Entweder also beweist der Vf. hier, dass Alle Gesandten, auch Dem. — denn das Zurückweisen der Geschenke kommt hier gar nicht in Betracht — Freunde des Phil. sind: denn dieser hat Allen Geschenke angeboten und Geschenke bietet man nur denen an, welche das Interesse des Anbietenden im Auge haben; oder der Vf. beweist — und so ist es in Wirklichkeit — nur, dass Philipp durch die Geschenke den Versuch der Bestechung gemacht hat. Dass dieses aber nicht die eigentliche Absicht des Vf. ist, sondern dass er mit dem Angeführten glaubt einen ferneren wirklichen Beweis für das Bestochensein der Gesandten anzuführen, ersieht man bestimmt aus den Einleitungsworten des Stücks 329. Sodann aber scheint der Pseudo-Dem. völlig vergessen zu haben, dass er selbst, d. i. der wahre Dem., den Gesandten des Königs einst selbst Ehren erwiesen hatte, woraus man also mit demselben Rechte auf das Bestochensein jener Gesandten einen Schluss zu ziehen berechtigt ist. Hier ist auch noch darauf aufmerksam zu machen, dass entgegen dem Demosthenischen sowie dem allgemeinen Sprachgebrauche hier sowohl (330), als in der gleichfalls interpolirten Stelle 234 $ἐν πρυτανείῳ$ steht, während sonst regelmässig der Artikel mit diesem Worte verbunden ist. Die Stelle Dem. Aristocr. 76 beweist gegen den Demosthenischen Gebrauch nichts, da hier bei der Aufzählung der verschiedenen Dikasteria zur Aburtheilung von Mord und Tödtung (τὸ ἐν Ἀρείῳ πάγῳ, τὸ ἐπὶ Παλλαδίῳ, τὸ ἐπὶ Δελφινίῳ, τὸ ἐπὶ Πρυτανείῳ, τὸ ἐν Φρεαττοῖ) das Πρυτανεῖον völlig als Eigenname gebraucht wird und überhaupt in einer allgemein üblichen Formel erscheint. Beachtung verdienen ferner die in dem Stücke 329—36 häufigen Hiate, vgl. 323. 30. 33. 35.

Die folgende Erwähnung der Gesandtschaft des Hegesippus an den König wird recht geschickt dem Vorhergehenden gegenüber gestellt; das Stück wird dadurch noch bedeutender, dass es eine Notiz enthält, die wir sonst nirgends finden: Ξενοκλείδην τουτονὶ τὸν ποιητὴν ἐξεκήρυξεν (Philipp), ὅτι αὐτοὺς (den Hegesipp und seine Mitgesandten) ὑπεδέξατο πολίτας ὄντας. Dass Philipp die Gesandtschaft des Hegesippus ungnädig aufgenommen habe, wie hier angedeutet, nicht ausgesprochen wird, ist ein Schluss, den man schon aus der Rede de Halonneso entnehmen kann. Obgleich aber das Stück durch die selbständige Notiz über Xenokleides beachtenswerther wird, so tritt anderseits gerade durch dieses Stück die Ungeschicktheit von 330 f. nur noch schlagender hervor. Denn hier sieht man deutlich, wie ich schon oben hervorhob, dass die Aufnahme von Seiten des Philipp das ist, worauf es hier ankommt, woraus der Vf. einen Schluss auf das Bestochensein der Gesandten zieht. Da nun aber, wie Dem. selbst sagt, ihm völlig dieselbe Aufnahme zu Theil wurde, wie den übrigen Gesandten, so würde, wenn dieses Stück von Dem. wäre, er seine eigene Bestechung beweisen. Dass aber der Vf. eine solche unbedeutende Notiz, wie wir sie hier finden, selbständig hat, darüber können wir uns nicht wundern, da häufig selbst in sehr späten Scholiasten und ganz untergeordneten Schriftstellern sich einzelne historische Notizen selbständig finden; und unser Vf. ist einer keineswegs sehr späten Zeit zuzuweisen.

Werfen wir die Stücke 329—31 und 332—36 aus, so muss auch 337—40 fallen. Es wird hier von der Stimme, von der grossen Beredtsamkeit des Aesch. gesprochen. Spengel hält dieses Stück für ausgezeichnet und es ist zuzugeben, dass dasselbe manches schöne enthält. Aber zunächst ist es, wie die vorhergehenden Stücke, hier unmittelbar am Schlusse völlig unpassend, wo man eine Recapitulation des Ganzen und die Aufforderung zur Bestrafung er-

warten muss: der enge Zusammenhang mit dem Vorhergehenden
macht es leichter, da jenes unzweifelhaft interpolirt ist, auch diese
Paragraphen mit in dasselbe Schicksal hineinzuziehen. Sehen wir
uns aber den Inhalt dieses Stücks genauer an, so finden wir doch
auch manches Bedenkliche: der Vf. spricht von der Stimme, von der
Beredtsamkeit des Aesch., der er trotz des scheinbar entgegengesetzten Tones in 337, in 338 ff. ein hohes Lob ertheilt. Stellen wir
aber diesem die andern Stellen entgegen, in denen Dem. von der
Redegabe seines Gegners spricht, so finden wir nirgends eine solche
irgendwie lobende Anerkennung derselben von Seiten des Dem.
Diese Behauptung mag wunderbar erscheinen, da Dem. so häufig
Gelegenheit nimmt, von der Stimme des Aesch. zu sprechen; aber
prüfen wir die Stellen. Es ist zweierlei, was Dem. an der Redegabe
des Aesch. hervorhebt, einmal die weitschweifige Art des Redens des
Aesch., welcher gewöhnlich von den fernsten Ursprüngen eines
Dinges beginnend in grossem Wortschwalle die ganze Geschichte
desselben giebt. Es ist sodann die laute, durchdringende, schreiende
Stimme des Aesch., mit der Frechheit, Unverschämtheit so leicht
verbunden ist. Von der ersten Art sind οἱ καλοὶ ἐκεῖνοι καὶ μα-
κροὶ λόγοι 11, die nur ironisch verstanden werden können. 23 εὐδο-
κιμῶν δ' ἐπὶ τούτοις εἰκότως καὶ δοκῶν καὶ ῥήτωρ ἄριστος
εἶναι — ist gleichfalls ironisch, wenn diese Ironie auch ebenso sehr
gegen die Athener, wie gegen Aesch. gerichtet ist. Denselben Sinn
hat auch 254 wo Dem. sagt, dass Aesch. eher αἵματος ἢ λόγου με-
ταδοῦναι würde: er liebt es eben, alles was über eine Sache überhaupt zu sagen auch wirklich recht gründlich darzulegen. 303 ist
der Ausdruck ὁ τοὺς μακροὺς καὶ καλοὺς λόγους ἐκείνους δη-
μηγορῶν wieder ironisch zu fassen: gerade durch das μακροὺς
schildert Dem. den Aesch. so gut. Dieser Tadel, der in allen
diesen Stellen des Dem. — denn man darf jedenfalls diese Eigenschaft
eher mit diesem als mit dem Namen Lob bezeichnen — dem Aesch.
gemacht wird, findet in den Reden dieses seine volle Bestätigung,
der selbst immer von seinen Reden vor Phil. sagt, er habe Alles bis
auf den Grund erörtert, und in den uns noch erhaltenen Reden
gleichfalls dieser seiner Neigung folgt. Vgl. Aesch. de f. l. 38, wo
er voll Selbstbewusstsein sagt ἴσως γὰρ οὐδὲν τῶν ἐνόντων εἰπεῖν
ὥς γε οἶμαι παρέλιπον. Aehnlich heisst es 101: ὡς δὲ οὐδεὶς
ὑπὲρ τῶν μεγίστων ἐμέμνητο, ἀλλὰ περὶ πραγμάτων ἐλατ-
τόνων τὴν διατριβὴν ἐποιοῦντο εἶπον ἐγὼ λόγους, οὓς ἀναγ-

καῖόν ἐστι πρὸς ὑμᾶς ῥηθῆναι: und nun folgt eine lange Recapitulation seiner vor Philipp gehaltenen Rede, wie er auch seine auf der ersten Gesandtschaft vor Philipp gehaltene Rede sehr ausführlich 25—33 wiedergiebt. Was den zweiten Punkt, die scharfe durchdringende Stimme betrifft, so gehören hierher Stellen wie 23. 126. 199. 239. Das ἐβόων 23 hat allerdings wenig beweisendes; 126 heisst er ὁ σοφὸς καὶ δεινὸς οὗτος καὶ εὔφωνος und Niemand kann hier auf den Gedanken kommen, dass Dem. wirklich seinem Gegner ein Lob ertheilen wolle. Nichts anderes als die schlaue Frechheit desselben wird hier characterisirt, der es wagt, inmitten des furchtbarsten Unglücks, welches der Vaterstadt selbst droht, offen in das feindliche Lager zu gehen. 199 καὶ τοιαῦτα συνειδὼς αὐτῷ πεπραγμέν' ὁ ἀκάθαρτος οὗτος τολμήσει βλέπειν εἰς ὑμᾶς καὶ τὸν βεβιωμένον αὐτῷ βίον αὐτίκα δὴ μάλ' ἐρεῖ λαμπρᾷ τῇ φωνῇ: ist hierin ein Lob erhalten? So wenig wie dort. Es ist wieder die Frechheit, welche hier geschildert werden soll, die es wagt, im Bewusstsein der schwersten Schuld von der Reinheit seines Lebens mit lauter tönender Stimme zu reden. Dieses λαμπρᾷ τῇ φωνῇ findet in dem unmittelbar folgenden 239 seine Erklärung durch des Dem. eigene Worte, der, die Brüder des Aesch. auf dieselbe Stufe mit diesem stellend, sie μεγαλόφωνοι καὶ ἀναιδεῖς nennt: das ist die wahre Uebersetzung des ironischen εὔφωνος. Und ganz entsprechend ist die Behandlung desselben Gegenstandes in der Rede de cor.; vgl. 127: ἐπαχθεῖς λόγους πορίσασθαι ὥςπερ ἐν τραγῳδίᾳ βοῶντα —. 132: βοῶν ὁ βάσκανος οὗτος καὶ κεκραγώς —. 259: ἐπὶ τῷ μηδένα πώποτε τηλικοῦτ' ὀλολύξαι σεμνυνόμενος (καὶ ἔγωγε νομίζω· μὴ γὰρ οἴεσθ' αὐτὸν φθέγγεσθαι μὲν οὕτω μέγα, ὀλολύζειν δ' οὐχ ὑπέρλαμπρον) —. 280: ἔστι δ' οὐχ ὁ λόγος τοῦ ῥήτορος, Αἰσχίνη, τίμιον, οὐδ' ὁ τόνος τῆς φωνῆς —. 285: εὔφωνον ὄντα —. 291: ἐπάρας τὴν φωνὴν καὶ γεγηθὼς καὶ λαρυγγίζων —. 308: ῥήτωρ ἐξαίφνης ἐκ τῆς ἡσυχίας ὥςπερ πνεῦμ' ἐφάνη καὶ πεφωνασκηκὼς καὶ συνειλοχὼς ῥήματα καὶ λόγους συνείρει τούτους σαφῶς καὶ ἀπνευστί —. 313: λαμπροφωνάτατος μνημονικώτατος ὑποκριτὴς ἄριστος τραγικὸς Θεοκρίνης —. Damit stimmen dann endlich auch die Worte 130 überein: ὀψὲ γάρ ποτε — ὀψὲ λέγω; χθὲς μὲν οὖν καὶ πρῴην ἅμ' Ἀθηναῖος καὶ ῥήτωρ γέγονεν —.

Dieser Behandlung der Rednergabe des Aesch. von Seiten des Dem. tritt nun die derselben Eigenschaft von Seiten des Interpolators im schroffsten Gegensatze gegenüber. Er hat die feine Ironie des Dem. offenbar nicht verstanden. Es ist aber nicht blos die Stelle 337 ff., welche hier in Betracht kommt, es ist ebenso das Stück 201 ff., in welchem der Vf. Gelegenheit nimmt, die Redegabe des Aesch. zu preisen, vgl. 206 τίνα δὲ φθέγγεσθαι μέγιστον ἁπάντων καὶ σαφέστατ' ἄν εἰπεῖν ὅ τι βούλοιτο τῇ φωνῇ; Αἰσχίνην οἶδ' ὅτι τουτονί. 208 μέγιστον φθεγγόμενοι. 216 εἰ καλὸν καὶ μέγ' οὗτος φθέγξεται. Welch anderer Character in diesen Erwähnungen der Aeschineischen Rede und in jenen! Man hält in der That den Dem. für zu bescheiden, wenn man ihm solches Lob seines Gegners zutraut: denn man beachte, wie demüthig Dem. in allen diesen Stellen dem Preise des Aesch. eine Herabdrückung des eigenen Werths gegenüber stellt: 206 τίνα δ' οὗτοι μὲν ἄτολμον καὶ δειλὸν πρὸς τοὺς ὄχλους φασὶν εἶναι ἐγὼ δ' εὐλαβῆ; ἐμέ. 208 τοῦ καὶ ἀτολμοτάτου πάντων ἐμοῦ καὶ οὐδενὸς μεῖζον φθεγγομένου. 216 εἰ φαῦλον ἐγώ (scl. φθέγξομαι). Ein solches Verfahren liegt dem Dem. völlig fern, ja es ist geradezu seiner unwürdig. So spricht er voll Selbstbewusstseins und doch bescheiden de Chersou. 68: ἐγὼ δὲ θρασὺς μὲν καὶ βδελυρὸς καὶ ἀναιδὴς οὔτ' εἰμὶ μήτε γενοίμην, ἀνδρειότερον μέντοι πολλῶν πάνυ τῶν ἰαμῶς πολιτευομένων παρ' ὑμῖν ἐμαυτὸν ἡγοῦμαι. Im vollsten Gefühle seines eigenen moralischen Werths, der Nichtswürdigkeit des Aesch. gegenüber, betrachtet er die eigene freimüthige Anklage nur als Zeichen seines lautern Gewissens, während des Aesch. Gebahren, der trotz der schweren Schuld seines Bewusstseins dem Ankläger und Richter noch ins Gesicht zu sehen und zu sprechen wagt, von seiner schamlosen Frechheit Kunde giebt.

Jenen Stellen nun des Interpolators, in denen die Redegabe ein aufrichtiges Lob erhält, tritt 337 ff. durchaus an die Seite. Allerdings ist sie geschickter gehalten, als jene plumpen Lobpreisungen; aber es ist ebenso wie dort ein aufrichtiges Lob der Redegabe des Aesch., welches sich eben dadurch als undemosthenisch erweist. Den Uebergang zu diesem Stücke erzwingt sich der Vf. offenbar durch die Schlussworte 336: τὴν ἄλλως ἐνταῦθ' ἐπαρεῖ τὴν φωνὴν καὶ πεφωνασκηκὼς ἔσται, worauf er dann 337 fortfährt καίτοι καὶ περὶ τῆς φωνῆς ἴσως εἰπεῖν ἀνάγκη. Auch 337 bietet eine selbständige literarische Notiz, die aber ebenso wenig auffallendes hat, als die vereinzelte historische Nachricht 331. Dobree hat zuerst die hier sich findenden Worte μυρί᾽ εἴργασται κακά sehr glücklich mit denselben Worten 314 verglichen und eine Beziehung des Dem. schon an dieser Stelle 314 auf ein Stück, in dem Aesch. als Schauspieler auftretend dieselben zu sprechen hatte, behauptet. Ueber Aesch. als Schauspieler vgl. Arn. Schaefer 1, 213 ff. Dem. ergiesst mehrmals seinen Spott über des Aesch. mimische Kunst; nach de. cor. 242 war Aesch. auch, als er den Oenomaus darstellte, ausgepfiffen worden, wie er überhaupt durchaus keine glänzende Laufbahn in dieser Kunst aufzuweisen hatte. Hier spielt der Vf. ohne Zweifel auf die Worte μυρί᾽ εἴργασται κακά an, welche Aesch. in einem Stücke, welches hier durch τὰ Θυέστιον καὶ τῶν ἐπὶ Τροίᾳ characterisirt wird, zu recitiren hatte und bei dieser Gelegenheit kläglich durchfiel. Nehmen wir an, dass dieses Wort zum geflügelten, zum Sprichworte geworden war, wie die Anwendung derselben auch von Dem. selbst 314 zu ergeben scheint, so konnte dasselbe nebst seiner Veranlassung sehr wohl unserm Vf. noch bekannt sein und er bringt diese seine Kenntniss hier an den Mann. Unpassend scheint das ἐκ τῶν θεάτρων: denn sicher darf man bei dem hier erwähnten Factum nur an Einen, nicht an einen öfter statthabenden Fall denken. Ferner unpassend scheint 338 auch das πρὸς δ᾽ ὑμᾶς ἴσον entgegen dem ὑπὲρ ὑμῶν (φρόνημ᾽ ἔχοντα μέγα), da mit dem πρὸς ὑμᾶς ἴσον doch nichts anderes gesagt wird, als in dem δίκαιον schon ausgedrückt ist. Die Worte ἐγὼ Φίλιππον μὲν οὐκ ἐθαύμασα, τοὺς δ᾽ αἰχμαλώτους ἐθαύμασα müssen jedenfalls auch als unpassend bezeichnet werden.

Sehen wir uns nach der Veranlassung um, weshalb unser Vf. dieses Stück eingefügt hat, so glaube ich dieselbe in Aesch. Anfangsworten ὃς ἐτόλμησε παρακελεύσασθαι πρὸς ἄνδρας ὀμωμοκότας τῶν ἀντιδίκων ὁμοίως ἀμφοτέρων ἀκούσεσθαι τὴν τοῦ κινδυνεύοντος φωνὴν μὴ ὑπομένειν zu finden. Der Vf. glaubte, dass Aesch hier auf bestimmte Worte des Dem. anspiele, während Aesch., seiner gewohnten Manier entsprechend, die Worte des Dem. sophistisch zuzuspitzen, nur auf die bei den einzelnen προκαταλήψεις hingeworfenen Warnungen desselben, die Entschuldigungen des Gegners nicht anzunehmen, Bezug nehmen wird. Aber selbst wenn jene Worte des Aesch. auf einzelne entsprechende Worte der Rede des Dem. περὶ παραπρ. hinweisen, so sind zunächst selbst in dem Stücke 337—40 keine, welche in Wirklichkeit den

Aeschineischen entsprechen und ferner würde uns nichts hindern, hier eine Beziehung des Aesch. auf Worte des Dem. anzunehmen, die in der uns überlieferten Form der Rede des Dem. sich nicht finden. Was diesen Punkt betrifft, so finden sämmtliche Anspielungen des Aesch. auf Worte des Dem., die sich in Wirklichkeit in seiner Rede nicht finden, ihre genügende Erklärung einerseits darin, dass Aesch. Behauptungen und Anführungen des Gegners sophistisch zuspitzt und vergrössert, anderseits aber ohne Zweifel Dem. auch, nicht sclavisch sich an den Text seiner ausgearbeiteten Rede haltend, manche Zusätze oder Aenderungen sich erlaubt hat, wie Plutarch dieses ausdrücklich berichtet. Für unsern Vf. aber können jene Worte des Aesch. immerhin Veranlassung gewesen sein, die $\varphi\omega\nu\acute{\eta}$ desselben, die auch von Dem. vielfach erwähnt wurde, jedoch in einem andern Sinne als der Vf. annimmt, zum Thema einer besonderen Erörterung zu machen.

Der zwingende Grund, weshalb das im Ganzen geschickt abgefasste Stück 327—40 auszuwerfen ist, bleibt die Stellung desselben, welche jedem rhetorischen Gesetze widerspricht: der Zusammenhang des Schlusses, den wir in 315 ff. haben, wird völlig durch dieses Einschiebsel zerrissen. Hinzukommt dann, wie bemerkt, der Widerspruch in der Auffassung der Redegabe des Aesch. hier, sowie in den übrigen interpolirten Stücken der Rede und in der ganzen übrigen Rede des Dem. Erleichtert wird die Athetese des Stücks dadurch, dass es sich eng an Stücke anschliesst, die sich auch durch ihren Inhalt als entschieden undemosthenisch kennzeichnen, obgleich, wie bemerkt, auch jenes Stück selbst nicht ohne Merkmale einer fremden Hand ist.

In Bezug auf die Auswerfung von 329—36 stimme ich mit Otto Haupt überein in Fleckeisen's Jahrbb. 83, 600 ff. 1861, der, über die Interpolationen in Dem. Rede von der Truggesandtschaft sprechend, ausser jenen Paragraphen auch das Stück 315—28 athetirt. Aber seine Gründe sind wenig bedeutend. Wenn er sich zur Erweisung der Unechtheit der Stellen auf die Uebereinstimmung einzelner Worte stützt, so ist dagegen zu sagen, dass solche einzelne übereinstimmende Ausdrücke durchaus gar nichts beweisen. Allerdings haben auch wir in den für interpolirt gehaltenen Stücken die Uebereinstimmung der dort sich findenden Ausdrücke mit denselben anderer Theile der Rede nachzuweisen und zusammen zu stellen gesucht, aber nur dadurch erhielt dieses Moment seine Bedeutung, dass es sich hier nicht um vereinzelte Worte handelte, sondern um eine Compilirung ganzer Sätze und Paragraphen in fast ununterbrochener Aufeinanderfolge aus den Gedanken und Ausdrücken anderer Theile der Rede. Ausserdem wird gerade eine ἀνακεφαλαίωσις, wie wir sie vor 315 annehmen müssen, am wenigsten vermeiden können, da sie sich um dieselben Thatsachen dreht, welche in der Rede selbst behandelt waren, hier und da im Ausdrucke an die früheren Ausführungen zu erinnern. Und doch sind die Zusammenstellungen Haupts so unbedeutend wie möglich. Dass 315 und 135 sowie 12 die Friedenshoffnung sowie die bedrängte Lage Philipps geschildert wird; 319 und 84 der Auszug Philipps an die Pylen; 321 und 69 die Rede der makedonischen Gesandten; 322, 52, 123 die phokische Angelegenheit; 326 und 87 die Besetzung Euboeas; 327 und 111 die Aufnahme Philipps in den Amphictyonenbund erwähnt wird, beweist doch absolut gar nichts. Wie oft spricht Dem. von der Bestechung des Aeschin.: sollen alle diese Stellen bis auf eine unecht sein? Von wirklich übereinstimmenden Ausdrücken bringt Haupt nur vor: 315 κεκλειμένων τῶν ἐμπορίων vgl. mit 153 κλείσειν τὰ ἐμπόρια. 320 τρόπαιον ἀπ' αὐτῶν εἰστήκει vgl. mit 148 τρόπαιον εἰστήκει. 324 ἵνα πάνθ' ὅσ' ἂν βούλωνται νομίσαντες ὑπάρχειν σφίσι μηδὲν ἐαντίον ψηφίσωνται vgl. mit 51 ἵνα ἃ ἐβούλεσθε οἰόμενοι πράξειν αὐτὸν μηδὲν ἐναντίον ψηφίσαισθ' αὐτῷ. 325 Ὀρχομενὸν καὶ Κορώνειαν ἠκούσατε ἠνδραποδισμένας vgl. mit 112 τὸν δὲ Ὀρχομενὸν καὶ τὴν Κορώνειαν προςεξηνδραπόδισται. Aber auch diese wenigen Uebereinstimmungen einzelner Ausdrücke beweisen nichts. Wollte man durch Sammeln solcher einzelner wiederkehrender Worte und Ausdrüche in den Reden des Dem. Material suchen zur Verdächtigung von Stellen und Partieen, so würde keine Rede und kein Theil einer Rede unverdächtigt bleiben. Denn Dem. scheut sich durchaus nicht, denselben Ausdruck zu gebrauchen, wo ihm derselbe der passendste zu sein scheint; aber solche Wiederholungen von Seiten des Dem. selbst characterisiren sich so, dass sie jedesmal frei wieder geschaffen und gestaltet werden und daher stets der Sache, welche durch sie dargestellt wird, entsprechen, während die Wiederholungen in den interpolirten Stücken sich durch mühseliges Zusammensuchen verrathen, wobei es dem Vf. nur darum zu thun ist, einen einigermassen entsprechenden Ausdruck zu finden: ob der Gedanke voll und ganz hier seinen Ausdruck erhält, ob er klar und kräftig hierin dargestellt wird, darum ist es dem Vf. weniger zu thun. Er glaubt, indem er den Ausdruck dem Dem. selbst entlehnt, derselbe müsse nun auch unter allen Umständen für seinen Gedanken passen. Wollen wir also die Verschiedenheit im Gebrauche derselben Ausdrücke von Seiten des Dem. und von Seiten des oder der Interpolatoren angeben, so ist zu sagen dass der Gebrauch derselben Worte, Ausdrücke, Redensarten an mehreren Stellen an und für sich nichts beweisendes gegen die eine der Stellen als nicht Demosthenisch enthält; dass es vielmehr auf das sich nicht decken von Ausdruck und Gedanke ankommt, welches gegen die Echtheit einer Stelle beweist. Und gerade nach dieser Seite hin haben wir die Mangelhaftigkeit jener interpolirten Stücke erkannt. O. Haupt hält auch 25—30, 91—101, 177— 86 für unrecht, aber ohne Gründe anzuführen. Seine allgemeine Angabe, dass in keiner Rede sich soviele Wiederholungen finden, ist allerdings richtig, weil grosse Stücke interpolirt sind, welche zum Theil in solchen Wiederholungen bestehen; anderseits aber selbstverständlich, da nur wenige historische Facta für die Klage in Betracht kommen, welche, nach allen Seiten gewendet, ihre Wiederholung nothwendig machen. Sie sind aber kein Beweis für die Unechtheit der Stellen, an welchen eine schon früher erwähnte Thatsache wieder berührt wird.

Es bleibt uns nun noch übrig zu untersuchen, ob denn das Stück 315—29, 341—43 — also nach Ausscheidung von 329—40 — wirklich einen passenden Abschluss der Rede bildet. Im Allgemeinen habe ich schon oben über 315 ff. gesprochen, um Spengels Urtheil zurückzuweisen. Hier ist es nothwendig, den Gedankengang auch im Einzelnen zu verfolgen.

Nachdem Dem. in den Worten βούλομαι τοίνυν ὑμῖν ἐπελθεῖν ἐπὶ κεφαλαίων den Beginn der ἀνακεφαλαίωσις angekündigt hat, stellt er in den Worten ὃν τρόπον κατεπολιτεύσατο Φίλιππος προςλαβὼν τούτους τοὺς θεοῖς ἐχθρούς den Gesichtspunkt fest, unter dem er jene vorbringen, das Thema, welches er ausführen will. Dieser τρόπος wird sofort πάνυ δ' ἄξιον ἐξετάσαι καὶ θεάσασθαι τὴν ἀπάτην ὅλην als ἀπάτη characterisirt. In kurzen Worten schildert Dem. sodann die Lage Philipps, welche ihm den Frieden wünschenswerth macht: daher τοὺς τὰ φιλάνθρωπα λέγοντας ἐκείνοις ἀπέστειλεν ὑπὲρ αὑτοῦ τὸν Νεοπτόλεμον τὸν Ἀριστόδημον τὸν Κτησιφῶντα. Und nun wird sofort zu Aesch. übergegangen: ἐπειδὴ δ' ἤλθομεν ὡς αὐτὸν ἡμεῖς οἱ πρέσβεις ἐμισθώσατο μὲν τοῦτον εὐθέως —, um den Frieden zu vermitteln. Nachdem Phil. diesen Zweck mit Hülfe des Aesch. erreicht hat, geht er an die Vernichtung der Phoker: in kurzen Zügen zeigt Dem., welche Schwierigkeiten das für ihn hat und wie leicht anderseits den Athenern es war, die Phoker zu retten, wie schon einmal geschehen war. *Πῶς οὖν μήτε ψεύσομαι φανερῶς*, so geht Philipp mit sich selbst zu Rathe, *μήτ' ἐπορκεῖν δόξας πάνϑ' ἃ βούλομαι διαπράξομαι; πῶς; οὕτως· ἂν Ἀϑηναίων τινὰς εὕρω τοὺς Ἀϑηναίους ἐξαπατήσοντας. ταύτης γὰρ οὐκέτ' ἐγὼ τῆς αἰσχύνης κληρονομῶ.* Kann die ganze Verächtlichkeit des Aesch. schärfer und schneidender characterisirt werden? Phil. scheut sich zu lügen und zu betrügen: Athener finden sich τοὺς *Ἀϑηναίους ἐξαπατήσοντες*; sie nehmen für ihn die *αἰσχύνη* auf sich. So bewirken sie, dass der Friede *ἄνευ Φωκέων* geschlossen wird. Aber damit war Philipp noch nicht am Ziele: *ἡ εἰς τὰς Πύλας βοήϑεια* musste gehindert werden: *τίς τέχνη πάλιν αὖ γενήσεται περὶ ταύτης;* die gefügigen Helfershelfer sind wieder bei der Hand. Und weiter: *ἀλλὰ καὶ πιστεῦσαι Φωκέας ἔδει Φιλίππῳ καὶ ἑκόντας ἐνδοῦναι, ἵνα μηδεὶς χρόνος ἐγγένηται τοῖς πράγμασι μηδ' ἐναντίον ἔλϑῃ ψήφισμα παρ' ὑμῶν μηδέν*: seine athenischen Diener müssen wieder bewirken *ὥστε καὶ εἴ τις ἐμοὶ διαπιστεῖ τούτοις πιστεύσας ἑαυτὸν ἐγχειριεῖ.* So schliesst Dem. *τοῦτον τὸν τρόπον καὶ τοιαύταις τέχναις ὑπὸ τῶν κάκιστ' ἀπολουμένων ἀνϑρώπων πάντα τὰ πράγματα ἀπώλετο.* Und nun wird den Versprechungen des Aesch. noch einmal in ausführlicher Anführung aller Einzelheiten das gegenübergestellt, was in Wirklichkeit eingetroffen ist 326 f. Endlich wird 328 der ganze Erfolg zusammengefasst *καὶ γέγονεν τὰ πράγματα πάνϑ' ὥσπερ αἴνιγμα τῇ πόλει.* Philipp hat nicht gelogen und doch Alles erreicht, was er wollte; ihr habt das Gegentheil von dem erreicht, was ihr hoffet, und wähnt jetzt in Frieden zu sein, obgleich ihr *δεινότερα ἢ πολεμοῦντες πεπόνϑατε,* diese endlich die Schuldigen, welche alles dieses herbeigeführt haben, *χρήματ' ἔχουσιν ἐπὶ τούτοις καὶ μέχρι τῆς τήμερον ἡμέρας δίκην οὐ δεδώκασιν.* Das Ganze ist mit einer vollendeten Kunst verfasst, jedes Wort ist wahrhaft künstlerisch gestellt und von treffendster Wirkung.

Wir müssen noch einen Augenblick bei diesem Stücke verweilen. Dem. hält den Zeitpunkt, von welchem aus er in der Rede selbst den Anfang der Bestechung des Aesch. datirt, fest und beginnt von hier aus die Erzählung seines Verfahrens. Er geht also von der ersten Gesandtschaft aus, auf der er die Bestechung des Aesch. annimmt, obgleich er dieselbe erst bei der Friedensverhandlung sich zeigen lässt. Er geht von jenem Zeitpunkte bis in die unmittelbare Gegenwart herunter, die er 325—28 schildert. Stellen wir nun, da die ἀνακεφαλαίωσις eine Recapitulation der ganzen Klage sein soll, eine Vergleichung des hier Gegebenen mit der Partitio und der Ausführung ihrer Theile an, so finden wir allerdings eine sehr starke Hervorhebung einzelner Theile auf Kosten anderer in diesem Stücke. Es ist ganz besonders der Doppelpunkt des ἀπαγγέλλειν und πείθειν, dessen Resultat die Vernichtung der Phoker war, welche Dem. in der ἀνακεφαλαίωσις betont. Daneben aber natürlich der Punkt V, das δῶρα καὶ μισθοὺς λαβεῖν, der sofort 316 in den Worten ἐμισθώσατο μὲν τοῦτον εὐθέως an die Spitze der ganzen Erzählung gestellt wird und in dieser selbst nur die Ausführung erhält. Sehr zurück tritt dagegen der Punkt III (ὧν προςετάξατ' αὐτῷ 4) und das geschieht mit voller Absichtlichkeit: denn dieser Punkt ist am wenigsten begründet, weshalb denn auch Aesch. denselben gerade zum Stützpunkte seiner Vertheidigung macht. Dem. spricht allerdings 322 f. von dem Aufenthalt der zweiten Gesandtschaft in Makedonien, aber er hütet sich, von dem zu sprechen, was er im Verfolg des V Punktes 150 ff. den Gesandten vorgeworfen hat, sondern hält auch hier die Rücksicht auf die Phoker fest. Punkt IV dagegen (τῶν χρόνων 4) findet gleichfalls 323 f. seine Berücksichtigung, tritt aber ebenso wie in der Klage selbst nicht besonders hervor. 325—28 schildern im Gegensatze zu der Erzählung von dem Verfahren des Aesch. die Resultate seines Handelns selbst: sie geben den Inbegriff seiner Schuld. Und entsprechend dem eben befolgten Plane, nur das wirklich Gravirende zu geben, auf den Verlust der thrakischen Plätze den Dem. 150 ff. dem Aesch. Schuld giebt, nicht einzugehen, stellt er die Verhältnisse in Phokis und Theben den Athenern vor Augen, indem er den einstigen Versprechungen des Aesch. die wirklichen Ergebnisse vergleicht. So müssen wir sagen, dass das Stück 315—28 einen mit vollster Absichtlichkeit festgehaltenen Plan verfolgt und eine durchaus innerlich abgerundete Einheit bietet. Ich habe schon oben über das Stück 329 ff., welches der Interpolator hier angefügt hat, gesprochen. Nach Kennenlernen von 315—28 muss aber hier noch dem oben gesagten hinzugefügt werden, dass auch darin der volle Gegensatz von 329 ff. zum vorhergehenden sich erweist, dass Dem. 315 ff. Schritt für Schritt der Zeit folgt bis zur unmittelbaren Gegenwart, während 329 ff. plötzlich in allgemeiner Betrachtung ein zeitloser Standpunkt eingenommen und sodann wieder in die Vergangenheit zurückgesprungen wird.

Ich lasse es unentschieden, ob der Interpolator beabsichtigt hat, 329—40 dem Stücke 315—28 anzufügen oder an Stelle desselben zu setzen: mir scheint das erstere wahrscheinlicher, da die Worte ὅτι γὰρ ταῦθ᾽ ἁπλῶς δεδωροδόκηνται sich den vorhergehenden Worten οὗτοι δὲ χρήματ᾽ ἔχουσιν ἐπὶ τούτοις καὶ μέχρι τῆς τήμερον ἡμέρας δίκην οὐ δεδώκασιν unmittelbar anzuknüpfen scheinen. Doch erscheint als Moment hiergegen der Umstand, dass der Vf. 334 in der Aufzählung der einzelnen von Aesch. verschuldeten Thatsachen eine Wiederholung der von Dem. 325 f. gegebenen Punkte uns bieten muss, denen er dann die auf Thrakien sich beziehenden Punkte hinzufügt, die er ohne Zweifel von Dem. fälschlich ausgelassen hält, die dieser aber wohlweislich ausgelassen hat, weil sie ein sehr schwaches Moment der Klage bilden.

Es fragt sich nun aber noch, ob 341—43 sich passend an 328 anknüpfen und ob sie einen genügenden Abschluss der ganzen Rede geben. Zunächst muss hervorgehoben werden, dass eine Anknüpfung von 341 an 340 absolut unmöglich ist. Es ist zuletzt von der Stimme des Aesch. die Rede gewesen und die Richter sind gewarnt, von derselben sich nicht bestechen zu lassen. Wenn es nun 341 heisst ὅτι δὲ οὐ μόνον κατὰ τἆλλα — συμφέρει τοῦτον ἡλωκέναι· — so fragt man billig: welches sind τἆλλα? Dagegen weist der Schluss 343 ganz bestimmt auf 325—28 als unmittelbar dem 341 vorhergehend hin. Wenn es im Schlusssatze heisst οὔτε γὰρ πρὸς δόξαν οὔτε πρὸς εὐσέβειαν οὔτε πρὸς ἀσφάλειαν οὔτε πρὸς ἄλλ᾽ οὐδὲν ὑμῖν σιμφέρει τοῦτον ἀφεῖναι — so ist der Gesichtspunkt der ἀσφάλεια allein in 341 ff. erörtert: von der δόξα und εὐσέβεια ist keine Rede gewesen. Diese beiden Punkte sind offenbar in 325 f. und 327 erörtert. Die Erzählung des Verfahrens des Aesch. wird in den Worten 325 τοῦτον τὸν τρόπον καὶ τοιαύταις τέχναις ὑπὸ τῶν κάκιστ᾽ ἀπολουμένων ἀνθρώπων πάντα τὰ πράγματ᾽ ἀπώλετο abgeschlossen: Dem. zieht jetzt aus der unmittelbaren Gegenwart, die sich auf Grund jenes Verfahrens des Aesch. gestaltet hat, die Folgerungen für die Richter. Zunächst wird 325 f. die wirkliche Schädigung ihrer Macht ihnen vorgeführt:

sie müssen stets auf der Lauer liegen, Philipp bedroht sie von allen Punkten, bei jedem geringsten Anlass müssen sie die Hand am Schwerte haben, weil Philipp ihnen dadurch, dass Phokis in seiner Gewalt, Theben ihm verbündet ist, über Nacht auf den Hals kommen kann. Dieses ist ein erniedrigender Zustand für die Athener: ihre δόξα allein verlangt also schon, dass sie Schritte dagegen thun und durch Bestrafung des Aesch., von dem sie sich haben an der Nase herumführen lassen, ihre δόξα einigermaassen wieder restituiren.

Mit 327 aber nimmt Dem. einen ganz andern Standpunkt ein: es sind sämmtlich religiöse Momente, die er hier vorführt: ἀντὶ δὲ τοῦ τὰ πάτρι' ἐν τῷ ἱερῷ κατασιαθῆναι καὶ τὰ χρήματ' εἰς πραχθῆναι τῷ θεῷ οἱ μὲν ὄντες Ἀμφικτιόνες φεύγουσι καὶ ἐξελήλανται καὶ ἀνάστατος αὐτῶν ἡ χώρα γέγονεν, οἱ δ' οὔπωποτ' ἐν τῷ πρόσθεν χρόνῳ γενόμενοι Μακεδόνες καὶ βάρβαροι νῦν Ἀμφικτιόνες εἶναι βιάζονται. ἐὰν δέ τις περὶ τῶν ἱερῶν χρημάτων μνησθῇ· κατακρημνίζεται. ἡ πόλις δὲ τὴν προμαντείαν ἀφῄρηται. Ich glaube, man wird nicht zweifeln, dass hier der Gesichtspunkt der εὐσέβεια erörtert wird, den Dem. ausdrücklich 343 fin. nennt.

Diese beiden Punkte der δόξα und εὐσέβεια haben das mit einander gemein, dass sie der unmittelbaren Gegenwart gehören. Sie knüpfen sich der Schilderung der Vergangenheit 315 ff. passend an. Dem. schliesst 328 die Schilderung der Vergangenheit und unmittelbaren Gegenwart ab: die erbärmliche Lage der Stadt ist den Athenern wie ein geheimnissvolles Räthsel, wie ein unsichtbares Netz übergeworfen. Philipp hat kein Wort der Lüge nöthig gehabt und hat doch Alles erreicht: die Athener haben von Allem was sie erhofft das gerade Gegentheil erlangt; nun träumen sie im Frieden zu sein und doch befinden sie sich in einem Zustande, der schrecklicher als der Krieg, οὗτοι δὲ χρήματ' ἔχουσιν ἐπὶ τούτοις καὶ μέχρι τῆς τήμερον ἡμέρας δίκην οὐ δεδώκασιν.

Der Ton dieses Stückes wird mit jedem Worte ernster und schwerer. Auf die Schilderung der kläglichen Machtverhältnisse Athens folgt die der religiösen Einbussen, die schon durch ihren Inhalt den vollen Ernst der Stimme herausfordern. Wenn nun 328 Dem. in furchtbar schneidenden Gegensätzen die Lage Philipps, die Lage Athens geschildert hat und nun, auf die Gesandten weisend, die Worte hinzufügt: οὗτοι δὲ χρήματ' ἔχουσιν ἐπὶ τούτοις καὶ μέχρι τῆς τήμερον ἡμέρας δίκην οὐ δεδώκασιν, so bedarf es nach meinem Gefühle hier keiner bestimmten Aufforderung, heute die Strafe zu vollziehen, sondern diese Worte fordern die Richter dringender dazu auf, als jedes ausdrückliche Wort thun würde. Nachdem Dem. mit den Worten *οὗτοι δὲ χρήματ' ἔχουσιν ἐπὶ τούτοις καὶ μέχρι τῆς τήμερον ἡμέρας δίκην οὐ δεδώκασιν* geschlossen hat, lässt er seine Stimme einen Augenblick ruhen. Er lässt den Richtern Zeit auf den Vorwurf, auf die Mahnung, welche in jenen Worten lag, sich selbst die Antwort zu geben: „aber heute soll Aesch. die verdiente Strafe empfangen". Wer sich in jenem Augenblicke dieses nicht selbst sagte, für den hätte auch des Dem. ausdrückliche Aufforderung zur Strafertheilung nichts gefruchtet. Dem. schweigt also einen Augenblick, um den Richtern Zeit zu geben, mit sich selbst zum Entschlusse zu kommen. Und dann fährt er mit demselben Ernste 341 fort: *ὅτι δ' οὐ μόνον κατὰ τἄλλα ἀλλὰ καὶ τὰ πρὸς αὐτὸν τὸν Φίλιππον πράγματα πανταχῶς συμφέρει τοῦτον ἡλωκέναι θεάσασθε.* Dem. geht hier auf die Antwort ein, die nach seiner Voraussetzung die Richter sich selbst gegeben haben: „er muss und wird bestraft werden." *κατὰ τἄλλα* ist *κατὰ δόξαν* wie er 325 f. und *κατ' εὐσέβειαν* 327 und beide Punkte zusammenfassend 328 auseinander gesetzt hat. Dem. wusste, dass die Athener für solche ideelle Gesichtspunkte der *δόξα* und *εὐσέβεια* im hohen Grade empfänglich waren; aber er wusste auch nur zu gut, dass solche edle Beweggründe doch immer wieder in den Hintergrund zurücktraten gegen die Neigung, in Ruhe und Behaglichkeit zu leben, dass diese bei allen Ueberlegungen stets den Ausschlag gab. Und so geht Dem. denn auf den Gedankengang seiner Hörer ein: das könnt ihr auch; ja die Verurtheilung wird euch erst recht *ἀσφάλειαν* gewähren. Beziehen sich die Motive der *δόξα* und *εὐσέβεια* auf die Gegenwart, so gehört das der *ἀσφάλεια* der Zukunft an. In wenigen Zügen wird dieser Gesichtspunkt ausgeführt. Dem. zeigt, dass die Verurtheilung des Aesch. unter allen Umständen einen günstigen Einfluss auf das Verhalten des Philipp ausüben wird und auf alle, die etwa des Aesch. Nachfolger im Verrath der vaterländischen Interessen werden möchten. So schliesst Dem. die Rede: *οὔτε γὰρ πρὸς δόξαν οὔτε πρὸς εὐσέβειαν οὔτε πρὸς ἀσφάλειαν οὔτε πρὸς ἄλλ' οὐδὲν ὑμῖν συμφέρει τοῦτον ἀφεῖναι, ἀλλὰ τιμωρησαμένους παράδειγμα ποιῆσαι πᾶσι καὶ τοῖς πολίταις καὶ τοῖς ἄλλοις Ἕλλησιν.* Wie gesagt, die Erwähnung dieser drei Punkte, der *δόξα*, der *εὐσέβεια* und der *ἀσφάλεια*, von denen der letzte 341 ff. erörtert ist, zwingt uns anzunehmen, dass jene andern beiden Punkte gleichfalls unmittelbar vorhergegangen sind; und da dieselben unzweifelhaft in 325 f. und 327 erörtert sind, worauf eine Zusammenfassung beider, in der Gegenwart ihr Gemeinsames habenden, Momente in 328 erfolgt, so sind wir schon dadurch genöthigt, 315—28 unmittelbar mit dem Stücke 341—43 zu verbinden. Wer aber weiss, wie einfach und ruhig Dem. seine Reden zu schliessen pflegt, der wird keinen andern Schluss erwarten oder wünschen.

Fassen wir jetzt am Schlusse unserer Untersuchung die Resultate derselben noch einmal kurz zusammen, so haben wir zu erkennen geglaubt, dass die Rede des Dem. περὶ παραπρεσβ., ausser den Worten 149 ἀλλὰ νὴ Δία τοὺς συμμάχους ἀπειρηκέναι φήσει τῷ πολέμῳ und dem wenigstens verdächtigen Paragraphen 187, zwei bedeutende Interpolationen erfahren hat 201 bis 36 und 329—40, nach deren Ausscheidung der wahrhaft künstlerische Bau der Rede in vollster Schönheit zur Erscheinung kommt. Die rhethorische Composition der Rede ist danach folgende:

1— 3 προοίμιον.
4— 8 προκατασκευή: ζήτησις und 5 κεφάλαια.
9— 16 προκατάστασις.
17— 28, 29—71 erste κατασκευή: Punkt I ὧν ἀπήγγειλεν, Punkt II ὧν ἔπεισεν und Punkt IV τῶν χρόνων, soweit der letztere hier in Betracht kommt.
72— 97 erste ἀνασκευή.
98—133 zweite κατασκευή: Punkt V εἰ ἀδωροδοκήτως ἢ μὴ πάντα ταῦτα πέπρακται.
134—149 zweite ἀνασκευή.
150—181 dritte κατασκευή: Punkt III ὧν προςετάξατ' αὐτῷ und Punkt IV τῶν χρόνων, soweit derselbe hier in Betracht kommt.
182—191 dritte ἀνασκευή, obgleich formell auf die Gesammtklage, nicht auf den Einzelpunkt III sich beziehend.
192—200, 237—328, 341—43 ἐπίλογος und zwar
1) 192—98, 199 f., 237—40, 241—87 τὸ κατασκευάσαι — τὸν ἀκροατὴν πρὸς τὸν ἐναντίον φαύλως. 2) 288—301 αὔξησις. 3) 302—14 ἐλέου ἐκβολή. 4) 315—28, 41—43 ἀνακεφαλαίωσις.